Dis, Maman, ils sont où tes bobos ?

Isabelle Denervaud
Isabelle Viennois

Dis, Maman, ils sont où tes bobos ?

30 ans, 2 enfants, 1 boulot et… 1 cancer

Albin Michel

NOTE AU LECTEUR

En raison de la similitude de nos prénoms (Isabelle Denervaud et Isabelle Viennois) et pour éviter toute confusion, nous avons choisi d'écrire nos récits en utilisant nos deuxièmes prénoms, respectivement Reine et Madeleine.

I

Reine

Octobre 2010 – septembre 2012

« Ce qui ne me tue pas me rend plus fort. »

Friedrich NIETZSCHE,
Crépuscule des idoles, 1888

« Me découvrir fragile, mortel, souffrant, effrayé, m'a ouvert les yeux sur l'infini trésor de la vie et de l'amour. »

David SERVAN-SCHREIBER,
On peut se dire au revoir plusieurs fois, 2011

À Olivier, Emma et Mathis

Prélude (et épilogue)

Tuxedo, Perfecto, Rose baby, Quartz, Bleu Riviera...

Des noms évocateurs pour un dilemme crucial en ce matin d'été sous le soleil de Bandol : quelle couleur de vernis choisir ? Mon choix se porte sur ce bleu Riviera qui n'est pas sans rappeler *Les Mille et Une Nuits* et la couleur de la mer Méditerranée que j'aime tant, en fin de journée, alors que le soleil cherche à aller se coucher, mais sans en avoir trouvé pleinement le chemin. Mes pensées s'envolent. Quelle ironie ! Il y a deux ans, le vernis était inconnu de ma trousse de toilette, je n'en mettais pas, je trouvais même cela un peu vulgaire ou tout au moins léger. Et puis, de toute manière, je n'en aurais jamais eu la patience.

Mais voilà, j'ai appris la signification du mot « patience ». Il y a deux ans, j'ai eu un cancer. Le mot est jeté. Son nom de code au sein de la famille fut « banane ». Parce que « banane » est un mot aux sens multiples. C'est un mot qui m'a permis de parler de cette chose très lourde avec le monde des adultes, sans paniquer les enfants. C'est un mot qui signifie « sourire », car ne faut-il pas garder le sourire et le sens de l'humour face à l'adversité ? C'est un mot gourmand, qui donne envie de croquer la vie à pleines dents. C'est un mot gorgé de soleil, du soleil des contrées lointaines qui voient s'épanouir ce fruit.

Ce mot exprime aussi le non-sens de cette maladie qui fait peur. Il permet d'éviter de prononcer son nom. Je n'avais pas le droit d'être malade, je me l'étais juré, je me l'étais promis.

Hier, le vernis était un pis-aller pour masquer des ongles fragilisés par la chimiothérapie. Aujourd'hui, le vernis est un langage, une passerelle de communication avec ma fille. C'est un moyen de se souvenir. C'est aussi une finalité, celle de se faire plaisir, avec ces petites choses anodines et dérisoires qui redonnent à la vie une légèreté indispensable.

Le vernis posé, je pars à la plage avec mes deux bouts de chou. Une belle journée s'annonce. Soleil et bonne humeur sont au rendez-vous. Nous allons faire des pâtés de sable et prendre le soleil.

Temps

38 ans, une vie qui file, bien remplie, un mari et deux magnifiques enfants, six frères et sœurs, six neveux, plein d'amis et un boulot passionnant... Que demander de plus ?

À la recherche du temps perdu

En 2010, ma vie de Parisienne était alors une course contre la montre, et à force de courir, je ne savais plus trop après quoi je courais... Mais le temps, en l'espace de neuf mois, s'est arrêté. Ma vie a basculé, mes points de repère ont été chamboulés, j'ai dû renoncer à ce que j'étais et reconstruire un nouveau moi.

Cette semaine-là commence comme toutes les autres. J'ai eu une journée bien remplie, entre trajets en voiture et rendez-vous avec des clients. De retour à la maison, c'est la « fenêtre de dispo » pour mes deux amours, Emma 8 ans et Mathis 1 an. Devoirs, câlins, dîner, boulot et coups de fil pour glaner des nouvelles de la famille. Avec ma sœur Mumu, j'évoque rapidement au détour de la conversation la présence d'un kyste dans un endroit qui n'appartient qu'aux femmes, mais bon, qui ne m'inquiète pas outre mesure. Mumu est médecin dans sa région lointaine d'adoption, la Côte d'Opale. J'ai un infini respect pour son choix de vie, hors du temps, d'être médecin de campagne (certes, elle déteste que je dise cela) dans cette belle contrée aux couleurs pastel mais au climat si dur. Elle y vit avec son mari professeur des écoles et ses deux enfants, Clément, du même âge que ma fille, et Bertille, surnommée Brindille, ma chère filleule. Elle reçoit avec beaucoup de patience les appels de ses six frère et sœurs au moindre bobo ou signe annonciateur de maladie… Notre point de repère médical, en somme ! Mais revenons à notre sujet. Ma dernière mammographie date de neuf mois. Donc pas de souci. Je m'étais promis de n'avoir jamais de maladie grave. Trop de peine dans le passé, trop de morts, trop de larmes versées dans un laps de temps trop court et un futur qui n'existerait pas. Une maman partie trop tôt, une grand-mère partie trop tôt, ou en tout cas, pas dans l'ordre des choses. Trop de responsabilités, trop jeune. Un trop-plein de tout, qui a sans doute obscurci mon cerveau et m'a fait perdre de la lucidité.

Cependant, Mumu appelle Laure, mon autre sœur, qui habite tout près de chez moi, dans l'ouest parisien. Laure, au-delà de notre relation particulière, c'est notre référence juridique depuis dix-huit ans, un concentré d'énergie du haut de son 1,68 mètre toujours rehaussé de talons. Débordée par son métier très prenant – elle a ouvert son cabinet d'avocats il y a neuf mois –, elle se démène pour s'occuper en parallèle de ses deux enfants encore à l'école maternelle, Manon et Thomas. Toutes deux s'attèlent à la lourde tâche de me faire prendre rendez-vous auprès d'un spécialiste. Mais je cours entre clients, conférences et réunions, et ne vois pas le temps passer. Trois jours plus tard, Laure m'appelle aux aurores et me propose de consulter un excellent gynécologue, le jour même, à l'heure du déjeuner. Après quelques hésitations, j'entends enfin l'inquiétude de mes sœurs et me décide à y aller… Je ne les remercierai jamais assez de s'être inquiétées à ma place. Quatre heures plus tard, j'obtiens grâce au médecin un autre rendez-vous, au centre de mammographie, rue Cardinet dans le 17e arrondissement. Une salle d'attente bondée, des personnes au teint blafard attendent la sanction ou plutôt le diagnostic. L'atmosphère de la pièce donne froid dans le dos. Cancer ou pas cancer ? Rémission ou remise au pot ? Les questions que se posent toutes ces femmes planent, indicibles et si présentes à la fois. Je suis appelée par le Dr J. à le rejoindre dans la petite salle d'examen. Il vient de regarder la mammographie réalisée par son assistant. L'échographie ne donne pas grand-chose et il devise tranquillement avec moi. Nous parlons de vacances, de soleil, du Sud-Est et du village des Lecques près de Bandol dont il est originaire. Soudain, alors qu'il m'examine, son visage se transforme, il vient de la sentir… La « banane », qui tait encore son nom, est bel et bien présente, nichée dans la partie inférieure de mon sein droit. Son verdict est sans appel :

« Je ne le sens pas, me dit-il.

– Mais, qu'est-ce que cela signifie ? »

Le docteur me fixe gravement de son regard bleu perçant et me répète : « Je ne le sens pas du tout. » Un grand frisson me parcourt l'échine et je demande tout de même au médecin : « Mais quelle est la probabilité que ce soit… cela ? »

Le Dr J. me regarde gravement en silence et tâche de me rassurer : « Ne vous inquiétez pas, si c'est bien cela, nous nous en occuperons et cela se fera vite et bien. En premier lieu, je vais vous prescrire des microbiopsies pour valider le diagnostic. »

Invisible donc à la mammographie et, presque, à l'échographie, la tumeur est bien là, ce corps étranger mutant qui va changer ma vie. Le cadre est posé. Je ne sais pas comment réagir. Je suis anéantie, je me sens vide. Ce jour-là, je retourne néanmoins au travail, reprends le rythme de mes réunions jusqu'à la fin de la journée. Présente et absente à la fois, je n'arrive plus à réfléchir, à écouter, à me concentrer. De retour à la maison, je devise avec mon époux Olivier une bonne partie de la soirée, nous tâchons de croire encore à la possibilité que ce ne soit pas cela. Les microbiopsies auront lieu le mardi suivant. Elles infirmeront peut-être la chose ? Je n'y crois pas vraiment. Les souvenirs affluent, ceux d'un temps où ma mère s'était fait soigner pour la même chose, il y a vingt ans. Le parallèle est trop facile. L'image de la mort et la peur rôdent en cette première soirée. J'ai peur. J'ai peur d'avoir mal. J'ai peur que la chose soit déjà répandue dans mon corps, comme ce fut le cas pour ma mère à l'époque. Je suis en colère, car j'estime que tout ceci est tellement injuste, pour moi, pour mon mari, pour mes enfants, et en particulier pour mon petit dernier, Mathis, qui n'a qu'un an. Enfant totalement « bio », petit miracle de la vie, après cinq ans de cauchemar : des traitements hormonaux, une fausse couche de jumeaux, dix kilos de surcharge pondérale dus aux hormones et le lancement d'une démarche d'adoption. Je suis en colère. Je souhaitais juste profiter de ce bonheur et n'ai pas envie de repartir dans un combat que je sais long et dont l'issue n'est jamais écrite par avance.

Un grand moment de solitude

Avec Olivier, nous décidons de reporter notre départ vers notre maison de vacances de Bandol et de quitter Paris dans la foulée de la biopsie, le mardi suivant. Ce temps qui filait si vite s'est suspendu d'un coup. L'attente. L'interminable attente. Ce temps qui s'étire, ces quelques jours qui paraissent une éternité. Je ressens juste un grand vide et un grand moment de solitude, face à l'angoisse et au doute. Je réalise que je ne connais personne dans mon entourage proche qui ait eu la même chose et qui pourrait m'éclairer. Mardi matin 8 h 30. Je retourne au centre de mammographie pour faire la biopsie. Je ne tiens pas en place dans la salle d'attente. J'ai froid. Le centre m'indique que les résultats seront disponibles le vendredi suivant. Je prends alors mes cliques et mes claques, mes enfants et mes bagages sous le bras et file à la gare retrouver mon mari qui nous y rejoint directement. Vivre cette attente dans notre havre de paix bandolais est une bonne idée.

Jeudi matin 11 h 30. Le temps est clément en ce matin automnal à Bandol. Le soleil caresse le platane et s'arrête sur le palmier et l'olivier qui trônent dans le jardin. Olivier et Mathis jouent aux jardiniers. Emma lit. Un appel de Paris sur mon mobile. C'est le centre de mammographie. Les résultats tombent, avec un jour d'avance. C'est cela. C'est bien cela. Comme Maman, j'ai endossé brutalement le statut encore étranger pour moi de personne malade. De cette maladie bizarre que vous ne sentez pas, qui ne vous fait pas mal… De cette maladie qui est traitée par des médicaments et un protocole[1], lesquels sont pour le coup très douloureux. Souffrir pour guérir. Souffrir pour avoir une chance de regagner le statut « en bonne santé ».

Mon cerveau bourdonne. Je sors de la maison dans un état second et regarde mon mari. Mû par je ne sais quoi, il se retourne, me regarde et comprend. Je lui dis : « C'était eux… c'est cela. » Olivier lâche sa bêche et me prend dans ses bras. Il essuie quelques larmes discrètement et me regarde : « On va se battre, ma chérie. » Quel amour ! Je me dis que je dois aussi m'en montrer digne. Nous décidons pour le moment de ne pas en parler aux enfants et de comprendre quelles seront les prochaines étapes avant de leur dire quoi que ce soit. C'est la colère qui à présent m'envahit encore. Je suis trop jeune pour être malade, pour perdre ainsi une partie de ma féminité. Mes tubes de peinture à l'huile à la main et le pinceau au bout des doigts, je peins une bonne partie de la soirée ; mon cerveau s'envole et je me fixe les principes qui vont guider les mois à venir, même si je n'en ai pas encore pleinement conscience. Je vais me battre. Je veux que cela ne change rien à notre vie de famille. Je veux vivre cela en petit comité : avec mes proches, les vrais, ceux qui sont bienveillants, ceux qui ne jugent pas. Je ne veux pas de fausse commisération, de fausse pitié. J'appelle mes sœurs, puis mes quelques amies de longue date, qui vont être si présentes par la suite. J'appelle mon amie Muriel, qui, tout en essayant de le cacher, est choquée par cette nouvelle. Elle m'expliquera plus tard qu'elle était avec sa maman

1. Mot important du glossaire du cancéreux, qui signifie le menu de son traitement personnalisé pour éradiquer le mal.

dans sa cuisine et qu'elle a pleuré. J'appelle Agathe, qui est à Carqueiranne, à quelques kilomètres de Bandol ; elle propose de passer nous voir. J'appelle Gaëlle. Notre amitié de vingt ans a survécu à nos souffrances, a été sublimée par nos bonheurs, dans une complicité renouvelée, challengée par un quotidien chargé, avec tant de parallèles dans nos vies. Elle aussi comprend. Nous n'avons pas besoin de beaucoup parler. Nous avons partagé la même douleur il y a quinze ans. Pour la même raison. Pour elle aussi, la « banane » reste une épée de Damoclès au-dessus de la tête. La fin du séjour se passe dans un semi-brouillard pour moi. Je me sens à la fois si seule et si entourée.

Ce jour a ouvert une série interminable de séquences médicales où, moi qui suis pudique jusqu'au bout des ongles, je dois dénuder mon buste pour me faire ausculter sous toutes les coutures, analyser, opérer, scanner ou encore radiothérapier. Je n'ai pas compté les heures interminables passées en salle d'attente. J'ai au passage découvert de nouveaux noms : chirurgien oncologue, oncologue radiothérapeute, oncologue chimiothérapeute – parce que l'on ne parle pas de cancérologue mais d'oncologue, terme moins explicite pour le commun des mortels, dont je fais partie après tout. D'une certaine façon, cela permet de garder une autre part de pudeur sur cette maladie. Je découvre l'univers médical et ses noms de code en tous genres, avec une unité de mesure qui est de 150 euros : scanner, IRM, scintigraphie osseuse, microbiopsies, repérage du ganglion sentinelle…

Être une personne et non une maladie

Soudain, je me surprends à être attentive à des choses auxquelles je ne faisais pas particulièrement attention auparavant. La veille de mon opération, alors que j'attends dans ma chambre de la clinique H., j'ai en tête une publicité sponsorisée par le ministère de la Santé. On y voit un homme au bureau, qui demande à son assistante : « Où est Charline[1] ? », une personne de l'équipe. Son assistante lui répond qu'elle se fait soigner pour un cancer et qu'elle reviendra la semaine suivante.

Ce type d'échange dans une entreprise relève aujourd'hui de la science-fiction, mais laisse à méditer. Banalisation d'une maladie qui n'est pas banale mais le devient : pour notre génération, un homme sur deux et une femme sur trois auront un cancer. Comment le vivre en famille ? Comment le dépasser et le vaincre ? Comment le gérer dans son entreprise ?

Il y a aussi cette campagne d'affichage dans Paris, à ce moment-là, qui s'adresse à tous, mais qui est certainement vue ou lue uniquement par les personnes qui se sentent concernées. On y voit un individu proclamer : « Je suis une personne, pas un cancer. » Y sont présentés des femmes et des hommes, des jeunes et des moins jeunes.

Je me fixe alors un cap, celui de rester une personne et de ne pas devenir un « cancer sur pattes », et, comme sur les affiches, celui de ne pas être considérée comme une maladie, mais comme une personne.

Pour moi tout d'abord, il s'agit de ne pas me projeter dans ce passé lointain où ma mère a eu elle aussi son cancer

1. Le prénom a été changé, car je ne m'en souviens pas.

au même âge et n'y a pas survécu. Et de ne pas faire de parallèles trop rapides entre nos deux trajectoires, même si la tentation est forte. Les souvenirs d'antan rejaillissent alors avec une violence extrême. Le cancer de Maman s'était déclaré alors que j'entrais en classe de première. Mes frère et sœur jumeaux, Pierre et Marie, avaient à cette époque 18 mois. Maman avait tardé à se rendre chez le médecin pour lui montrer la boule qu'elle sentait dans son sein. Elle avait attendu. Très longtemps. Trop longtemps. La maladie avait été identifiée tardivement et avait déjà métastasé. C'était une chose terrible à mes yeux d'adolescente. Je suis alors devenue, le temps d'une parenthèse d'un an, une maman de substitution pour mes frère et sœurs. L'opération avait été une boucherie, l'ablation totale d'un sein ayant généré une énorme balafre sur son buste. Le mot « chimiothérapie » avait été longtemps pour moi égal à « enfer », avec ces souvenirs de vomissements, de sommeil agité, d'une maman alitée, tordue de douleurs. La seconde chimio, après l'opération, fut pire encore que la première. La radiothérapie fut synonyme d'absence, étant donné que Maman devait partir une bonne partie de la journée pour se rendre au CHU de Besançon, à une soixantaine de kilomètres de notre domicile. Maman incarnait alors la maladie. Mais je pense a posteriori qu'elle n'avait pas eu le choix. J'espérais avoir le choix. Il s'avérera que je l'ai eu.

Maman est décédée soudainement, alors que je venais de débuter une expérience de vie extraordinaire à la Banque mondiale à Washington. Je ne savais pas, au moment où elle m'a accompagnée à la gare d'Amiens pour prendre le train qui allait m'acheminer à l'aéroport pour les États-Unis, que je ne la reverrais jamais. Deux jours après mon départ, elle avait sa chimio, sa seconde séance, celle qui était liée à ses métastases au foie et aux poumons. Elle avait indiqué au médecin qu'elle avait quelques difficultés à se relever lorsqu'elle était accroupie. Les médecins l'ont gardée pour quelques examens complémentaires. C'était une métastase au cerveau. Mon patron de l'époque, particulièrement humain, avait trouvé le moyen de me faire revenir en France pour la soutenir. J'ai appelé l'hôpital de Saint-Cloud pour prévenir Maman que j'allais prendre l'avion deux heures plus tard. J'étais si heureuse. L'hôtesse d'accueil ne réussissait pas à me mettre en relation avec sa chambre et me passa l'infirmière d'étage : Maman était partie quelques minutes plus tôt. Je n'avais pas pu la revoir, être là dans ses derniers instants. Une page à peine entamée se tournait. Injuste. Illogique. Inhumain. Inadmissible.

Je suis partie des *headquarters* de la Banque mondiale, l'âme pleurant, le cerveau en berne, le cœur à l'arrêt. J'ai crié dans un parc. Laurence m'a accompagnée à l'aéroport de Washington dans un silence si pesant – sorte de protection pour guider mes mouvements que je ne maîtrisais plus. Je m'acheminais tel un automate vers Maman, vers sa dépouille, vers mes frère et sœurs pleins de vie, si jeunes, si seuls. J'avais 21 ans.

J'avais le choix. Je me suis fixé ce cap ensuite pour mon mari, qui n'avait rien demandé. On avait déjà coché pas mal de cases tous les deux dans le passé. J'estime, à tort, que nous avions droit à notre espace de paix et de bonheur.

Il avait connu Maman, un peu. Il m'avait accompagnée dans son départ. Puis, jeunes mariés, nous avions décidé d'un commun accord de conduire un beau projet, celui de reprendre l'éducation de mes frère et sœur, les petits derniers, Pierre et Marie, alors âgés de 11 ans et confiés depuis trois ans à une famille d'accueil, après le décès de Maman. Nous avions alors 27 et 30 ans, tout le monde ne nous soutenait pas dans ce projet, loin de là... mais nous avons tenu bon, construit une belle histoire, à quatre, puis à cinq avec la naissance de notre fille Emma. Nous avons aussi coché la case de la souffrance, celle de ne pas avoir de deuxième enfant. Inséminations, FIV et traitements hormonaux avaient failli avoir raison de notre couple. Mais nous avions encore tenu bon. Nous nous étions alors engagés dans une démarche d'adoption. Quel moment improbable que cet arrêt sur image dans notre vie ! Quelle chance de pouvoir ainsi suspendre le temps et d'échanger avec les personnes bienveillantes des services du Département des Hauts-de-Seine, sur l'adoption, sur nos histoires personnelles et notre histoire commune. Quel beau projet que celui de vouloir accueillir un enfant, avec son histoire et sa souffrance (souvent), et de lui offrir de faire partie de notre vie ! Quel bonheur de voir le papier confirmant l'accord du Département pour notre projet d'adoption ! Et puis, l'arrivée de ce bébé miracle, bébé bio, qui s'était accroché et avait pointé le bout de son nez alors qu'on ne l'attendait plus : un bonheur incroyable dont on souhaitait juste profiter pleinement ! Le destin en a décidé autrement, et j'espère que nous méritons tous les deux de vivre et survivre à tout cela. C'est mon objectif.

Je me fixe ce cap enfin pour mes enfants, dont je ne souhaite pas briser l'innocence et la confiance en la vie. L'enfance est un moment sacré qui ne devrait en aucun cas être raccourci par une prise de conscience trop rapide de la fragilité de la vie sur terre. Parce que je ne veux pas voir dans leur regard ce que j'avais dans le mien pendant l'adolescence. Parce que la vie est belle, et qu'il ne faut pas l'oublier. Il faut s'y accrocher pour mieux dépasser les difficultés.

Aujourd'hui, la vie a repris son cours. Je suis fière d'avoir été victorieuse de cette maladie, jusqu'à aujourd'hui. Cependant, j'ai compris que le temps est fragile et précieux, c'est la principale ressource rare de mon existence. Je souhaite encore une fois immobiliser le temps, faire ces arrêts sur image qui sont de véritables moments de paix et de silence, des moments redoutés aussi, où je suis face à moi-même, face à mes bonheurs comme à mes contradictions et à mes doutes. Ce sont aussi des moments précieux, où je me souviens, où je ne veux pas oublier, car ce qui ne tue pas rend plus fort, et chaque combat mené devient une source d'énergie qu'il faut savoir exploiter positivement.

Guerrier

Une fois le choc de l'annonce passé, il me faut agir et éradiquer ce corps étranger qui me ronge de l'intérieur. Mais comment faire ? Je ne connais personne qui soit passé par les mêmes affres dans mon entourage proche (ni lointain non plus d'ailleurs). Je me souviens que Maman a été soignée dans la région parisienne, mais je garde le vague souvenir d'un endroit froid, impersonnel et trop grand. Je me sens dans la peau du guerrier qui se prépare à aller au front. Il me faudra trois semaines pour commencer à y voir clair et me préparer au premier combat : l'opération.

Être acteur dans la maladie

Ce court répit à Bandol se termine. J'y ai passé de beaux moments chargés d'émotions, de rires et de larmes, avec trois de mes sœurs qui m'ont fait la surprise de nous rejoindre. Claire, tout d'abord, nous y a retrouvés, très vite après la confirmation de la maladie. Claire, c'est celle qui ressemble sans doute le plus à Maman, la plus douce et la plus sensible aussi. Munie de sa belle besace, celle de sa vocation, elle est devenue professeur, comme elle. Au lieu des hauts plateaux du Jura, de notre haut Doubs natal, elle a choisi le Sud-Est ensoleillé à Marseille. Elle y vit avec son mari et ses deux enfants, dont le dernier vient de naître. Une autre de mes sœurs, Estelle, est arrivée peu après. Si joliment impulsive, elle a pris le train depuis Bruxelles, sa patrie d'adoption, pour passer le week-end avec nous. Estelle, longtemps petite dernière de la famille, a été détrônée dans ce rôle magique par les *twins*, arrivés par surprise et par magie dans notre vie. Personnalité éclatante, elle a le cœur sur la main, un sens de l'organisation extraordinaire et une force de caractère forgée par le temps. Laure, son mari et ses deux enfants nous rejoignent enfin, mus par une spontanéité et une solidarité épatantes dans ce moment où, je crois, nous « digérons » tous cette nouvelle. Moment hors du temps : nous rions, pleurons et dansons. Nous parlons peu de la « banane ». Nul besoin. Nous sommes juste présents, ensemble. Cela suffit à ce moment déjà lourd de sens. Guillaume et Agathe sont aussi venus nous rendre visite. Nous avons un échange animé sur un sujet qui tient particulièrement à cœur à Agathe et qu'elle a creusé de manière admirable : la naturopathie. C'est aussi une première fenêtre d'attention, un premier chantier pour moi, au-delà du traitement médical que j'aurai à suivre. Je sais que la médecine n'est pas une solution à tout et qu'elle peut aussi avoir des effets secondaires négatifs sur le corps. Je me remémore les suites de mon deuxième accouchement. Une cystite. Un antibiotique pris pendant trois jours. RAS… et bim ! Je me réveille en pleine nuit quelques semaines après l'accouchement avec un mal terrible… aux tendons d'Achille. Le médecin bandolais qui voyait le lendemain mon petit Mathis pour un rhume regarde mes tendons, à ma demande. Eh bien voilà, une nouvelle case est cochée : j'ai les deux tendons bourrés de nodules, au bord de la rupture. S'en suivra un menu qui ferait rêver n'importe quelle femme profitant alors béatement comme moi de son congé maternité : six semaines de fauteuil roulant, soixante-dix séances de kiné pour récupérer mes tendons. Elle n'est pas belle la vie ? J'en ai en tout cas gardé une méfiance à l'égard des médicaments, qui est venue renforcer mon côté « anti-médecin » historique. Cela tombe bien, car dans les mois à venir je vais devoir peu ou prou me réconcilier avec eux, par nécessité, puis par conviction.

Je sais que le traitement que je vais subir ne sera pas particulièrement sympathique, je sais qu'il pourra me faire du mal et que je ne dois pas lui accorder une confiance unique, totale et aveugle. Ce premier échange avec Agathe va m'apporter de nouvelles perspectives sur la manière dont je pourrai gérer la maladie. Il existe en effet un certain nombre de facteurs qui favorisent « l'assèchement » ou au contraire « l'entretien » d'un cancer, des facteurs liés à ce que nous sommes et à notre mode de vie. C'est tout d'abord l'environnement et la pollution, c'est aussi le stress négatif de la vie qui viennent s'ajouter à des prédispositions génétiques – Freud n'évoquait-il pas l'inné et l'acquis ? – et à la manière de s'alimenter. Je veux y croire, même si je m'apercevrai vite qu'il existe deux écoles en la matière : les fervents défenseurs du « tout médical », d'une part, et ceux qui prônent une approche globale de l'organisme, de la maladie, de ses symptômes et de ses causes, d'autre part. J'ai envie de mettre toutes les chances de mon côté pour guérir au mieux. Je note d'acheter le livre de David Servan-Schreiber à mon retour et de creuser le thème de la naturopathie et de ces quatre facteurs. Je ne mesure pas encore combien ce plan d'action sera long et les répercussions qu'il aura sur mon quotidien. Quoi qu'il en soit, je trouve dans ces sujets une solution pour devenir actrice et active dans la maladie, au-delà du traitement stricto sensu. J'ai estimé important de prendre les armes jusqu'au plus profond de moi-même et de ne pas tout remettre entre les mains de tiers. Napoléon ne disait-il pas que la meilleure des défenses était l'attaque ? Cela a eu pour moi un effet salutaire : me défendre au mieux contre cette invasion et y répondre par une résistance active.

La gestion des risques

De retour à Paris le lundi, j'entre en contact avec plusieurs institutions médicales afin de comprendre les prochaines étapes. Je dois me retrousser les manches, car je pars de loin. Je ne sais pas quels sont les meilleurs hôpitaux et cliniques, ne connais aucun nom de chirurgien ou de cancérologue. Le centre de mammographie et le gynécologue m'ont donné les coordonnées d'un chirurgien avec lequel ils travaillent. Je le vois le lendemain. Je prends contact par ailleurs avec le standard de deux hôpitaux pour obtenir deux autres avis.

Mardi 11 heures. Après ces premiers coups de fil donnés dans tous les sens, j'arrive au bureau ; j'ai l'impression de porter le mot « cancer » gravé sur mon front. Mais étonnamment, personne ne se rend compte de quoi que ce soit. J'ai envie de crier à tous : « J'ai un cancer ! » Mais je dois assumer seule cette pesante nouvelle et me conduire comme si de rien n'était. Par contre, l'agenda dérive. Je vois un appel de mon amie Isa H. sur mon téléphone portable. Oups ! J'ai complètement oublié son invitation à dîner pour le soir même. Je m'excuse et lui explique la situation. Isa réagit comme à son habitude, du tac au tac, « action/réaction ». Par la magie de ces moments improbables, je me retrouve le soir même à ce dîner auquel Isa, extraordinaire, a invité au débotté Dominique, une de ses amies proches ; celle-ci a travaillé plus de dix ans en oncologie du sein. Nous vivons là une magnifique rencontre.

Dominique est étonnante. Pétillante, enjouée, cette femme à la quarantaine flamboyante, que je ne connaissais pas quelques minutes plus tôt, va me donner le *la* pour les mois à venir. « Ton cas est simple, limite chiant. Je suis confiante pour ta guérison », me dit-elle, après que je lui ai fait un retour des premiers éléments de diagnostic des médecins sur les caractéristiques de la tumeur localisée au sein.

Elle est optimiste et, pour la première fois depuis que j'ai appris cette terrible nouvelle, quelqu'un me donne des explications claires et rationnelles sur ce que seront mes prochains mois, avec des critères, des chiffres, des probabilités. Des mots qui parlent à ma formation d'ingénieur. Je n'avais en effet pas eu le courage de lire ce que l'on pouvait trouver sur Internet sur le cancer du sein, mais Olivier l'avait fait, il avait passé des heures sur le Web à ma place. Ce qu'il y avait lu l'avait paniqué, stressé, inquiété. Il en avait même perdu une partie de son excellent sommeil légendaire. Il avait eu beaucoup de difficultés à trouver des éléments clairs, explicites de la maladie et de son traitement. Il s'était perdu dans des témoignages plus catastrophiques les uns que les autres. Du coup, il en était ressorti avec une batterie de questions : il fallait comprendre pour agir, comprendre pour vivre.

« En France, nous dit Dominique, il y a 50 000 nouveaux cas de cancers du sein par an pour un peu plus de cinq cents cancérologues spécialistes, ce qui représente un cas de cancer tous les deux jours pour chacun d'entre eux. » Ce chiffre me donne le frisson. Cette maladie n'est pas confidentielle, c'est un raz-de-marée ! 5 % des cas touchent des femmes de moins de 40 ans. En effet… nouvelle case cochée mais un peu tôt, me dis-je. Le protocole pour un cancer localisé au sein, c'est une gestion des risques de récidive, organisée, mesurée et consolidée depuis plus de trente ans par des équipes de chercheurs qui analysent les statistiques et caractéristiques des tumeurs, des traitements et des rechutes éventuelles. Les critères pris en compte par les médecins sont l'âge, les antécédents familiaux, les antécédents gynécologiques, le statut hormonal, la taille de la tumeur, les caractéristiques de la tumeur (dont sa rapidité de développement, l'index mitotique, la présence de récepteurs hormonaux, etc.), le nombre de ganglions touchés et l'existence ou non de métastases à distance, le tout sur la pièce opératoire recueillie à la chirurgie (pas uniquement sur la biopsie initiale). Il faudra donc passer au bloc. J'aurai une semaine d'hospitalisation, quinze jours de convalescence, puis vraisemblablement quatre à six séances de chimiothérapie et six semaines de rayons (radiothérapie). « Tu verras l'été prochain sous un nouveau jour, avec tes traitements derrière toi », me dit-elle. L'été prochain me paraît alors comme une autre planète, un autre siècle, un autre monde. Il faudra deux à cinq ans pour éliminer les effets de la chimio, voire plus si ma tumeur est hormonosensible. Si c'est le cas, l'avantage est que les taux de rémission sont beaucoup plus élevés, les risques de récidive sont divisés par deux, grâce à un traitement d'hormonothérapie. L'inconvénient – une autre bombe pour moi qui viens déjà de me prendre plusieurs coups de marteau pendant la soirée : « Ce traitement vous met provisoirement dans un état de "ménopause artificielle" ou presque. » Même si l'oncologue m'indique encore aujourd'hui que ce n'est pas tout à fait cela, l'analyser de la sorte me permet de comprendre les symptômes associés. Je devrai dans ce cas probablement faire le deuil d'un autre enfant, je sais que je n'en suis pas capable pour le moment, je verrai cela plus tard. Vivre cinq à dix ans au rythme d'un cachet par jour, alors que je n'ai jamais réussi à aller au bout d'un traitement de cinq jours, le challenge sera plutôt important à relever ! Elle me conseille de couper mes cheveux avant de les perdre. Ce sera moins impressionnant que de perdre des poignées de cheveux très longs et puis cela préparera en douceur l'arrivée de la perruque. Je devrais avoir des nausées mais pas de vomissements, car la médecine a fait beaucoup de progrès pour limiter cet effet secondaire. Elle me conseille de garder une activité. J'en avais secrètement envie depuis le début et me sens rassérénée par cette possibilité. Difficile mais possible. Elle me conseille de me taire, cela ne regarde personne. Et quand on parle, on perd le contrôle. J'en suis convaincue. Enfin, elle connaît très bien l'équipe qui a été recommandée par le centre de mammographie et elle sera la première d'une longue liste de personnes à me conseiller de leur faire confiance.

Mercredi 19 heures. La première rencontre avec le chirurgien, le Dr B., a lieu. Belle et rassurante rencontre. Je m'attendais à un homme d'âge mur, approchant de la retraite, distant et protocolaire, et je me retrouve devant un homme jeune, d'une quarantaine d'années, le regard vif, concentré, efficace, clair et à l'écoute. Je comprends que la tumeur est petite et qu'a priori je dois d'abord me faire opérer, avant que la suite du programme ne soit définie. Je comprends qu'une tumeur met en moyenne sept ans à se développer et atteindre la taille d'un centimètre, c'est la taille minimale pour repérer un cancer. Je comprends aussi que la tumeur est mal placée, dans la partie inférieure du sein. Une bonne nouvelle : il y a de fortes chances pour que l'ablation soit partielle. Une mauvaise nouvelle : sa position fera que mon sein ne ressemblera plus à grand-chose après l'opération. L'option que je retiens alors est une reconstruction au moment de l'opération pour parer au plus pressé et permettre à mon misérable sein de garder non seulement son statut, son existence, mais aussi sa forme. Les cicatrices seront simplement plus importantes. Une coupe verticale en dessous du mamelon, une coupe sur toute la moitié inférieure du sein et sans doute le déplacement du mamelon qui a de fortes chances de ne plus être symétrique. Il dessine au fil de ses propos un schéma du sein avec une signature de Zorro que je garderai toute ma vie. J'en ai des frissons. Ah oui ! J'oublie aussi la petite coupe sous le bras, pour tester la présence de cellules cancéreuses dans les ganglions axillaires[1]. C'est par ces ganglions que peut se propager un cancer dans la plupart des cas. C'est ensuite l'analyse de la tumeur et des

1. Mot important du glossaire du cancéreux, désignant les ganglions lymphatiques présents sous le bras, dans le creux de l'aisselle. Le premier ganglion de la chaîne lymphatique axillaire est appelé le ganglion sentinelle.

ganglions qui permettra de définir la suite du traitement. Au vu de mon cas, relativement rare pour mon âge, de mes antécédents familiaux et des caractéristiques de la tumeur, il est probable que j'aie à suivre une chimiothérapie, mais ce n'est pas sûr. La radiothérapie sera par contre nécessaire. L'hormonothérapie dépendra des résultats de l'analyse qui sera faite sur la tumeur après l'opération. Le chirurgien me conseille de mener une vie normale et, lui aussi, de ne pas en parler au bureau. En parler revient à perdre le contrôle. Il lance enfin le test de dépistage génétique par un courrier auprès de l'Institut Curie. D'ici à neuf mois ou un an, j'aurai les résultats. Sapristi, c'est plutôt long ! Ses explications sont claires, ses propos rassurants.

« Nous devons combiner des choses à court, moyen et long termes et donc prendre des décisions sans avoir l'ensemble des paramètres en main. Il faudra donc que vous m'écoutiez, me dit-il.

– Oui, je comprends bien, ça tombe bien, j'aime dépendre des autres ! lui dis-je avec ironie. Mais de toute manière, je n'ai pas le choix.

– Ce n'est pas un problème de choix, c'est une question de risque. »

Je dois donc accepter d'être dépendante de la médecine à mon corps défendant et d'entamer une course contre la montre pour éradiquer le plus vite possible cette tumeur tout en restant dans l'inconfort le plus total de ne pas savoir ce qui se passera après. Ce premier entretien me rassure pleinement et me réconcilie avec le corps médical, envers lequel j'ai une méfiance viscérale et, je l'admets, pas complètement rationnelle… En tout cas, je fais mon choix rapidement. Je ne choisis pas seulement un médecin mais aussi une équipe qui a l'habitude de travailler ensemble.

Je décide de leur confier mon sort et abandonne les autres pistes que j'avais initiées.

La course contre la montre

Vendredi 19 heures. Je pars du bureau pour passer cette fois-ci une IRM. Encore une heure dans la salle d'attente – je me dis que c'est l'unité de mesure standard dans ces salles d'attente maudites. Et zou ! Comme quotidiennement depuis dix jours, je dénude encore une fois mon buste et reste quinze minutes dans un mini-bocal à attendre mon tour. L'infirmière passe alors dix minutes à tenter sans succès de me mettre un cathéter au bras gauche. J'ai les veines très fines et chaque prise de sang est une galère absolue. Le deuxième bras est plus facile et me voilà partie dans la machine *Star Trek*. Boum, boum, boum. De retour dans la salle d'attente, je vois défiler chaque patient un par un avec ses examens sous le bras. J'attends, mon pouls s'accélère. Le docteur me reçoit dans son bureau. Il est très gêné. Je suis glacée. Il ne voit rien à l'IRM, ou plutôt trop de choses. Les seins sont très denses. Il est donc incapable de faire un diagnostic et en est désolé… Pas autant que moi. J'ai l'impression de subir encore un lavage de cerveau. Il m'indique qu'il ne peut rien conclure à partir des clichés, qu'il est possible qu'il y ait une autre tumeur sur le sein gauche et que l'équipe au complet va reprendre la main sur mon cas ; il recommande de repartir pour un tour : mammographie, échographie, palpation. Il est 21 heures, je suis lessivée. Nouveau stress avant le week-end. Demain sera un autre jour.

Lundi après-midi. Je me sens à présent presque chez moi au centre de mammographie. J'y passe encore quatre heures. Je ressens un grand soulagement : le sein gauche n'est pas touché. Je n'aurai donc pas à subir d'autres biopsies. Il est 19 heures. Je dois filer dans une pharmacie pour me procurer le produit pour le scanner du lendemain matin.

Mardi 8 h 45. Le scanner est bon. C'est la première bonne nouvelle depuis quelques jours. J'ai l'impression d'être passée au Kärcher. Je me sens évanescente au bureau. Le moral alterne entre le très haut et le très bas, mais l'essentiel est que, finalement, cela aille dans le bon sens. Les examens en poche, je peux à nouveau prendre rendez-vous avec le chirurgien. Sa seule disponibilité est le lendemain soir à 18 heures. Galère ! Je dois animer au même moment un jury sur un observatoire que j'ai créé dans mon cabinet de conseil, six ans plus tôt. C'est un de mes bébés dans l'entreprise, je l'ai fait grandir et devenir un événement de référence sur le thème de l'innovation, et je pilote la ligne de service qui lui est associée. Moment de panique, car comment expliquer mon départ en pleine séance à la vingtaine de membres du jury, éminentes personnalités du monde de l'innovation, aux quinze consultants qui se sont beaucoup investis et planchent sur les études de cas d'entreprises, à mes collègues *partners* présents et à mon PDG ? Je ne donne aucun détail sur le motif de mon départ, mais informe que je dois quitter la réunion plus tôt pour des raisons personnelles. Je me mets légèrement en retrait, la chose est parfaitement prise en main par Charly, un membre de mon équipe, et je peux partir une heure avant la fin pour retrouver le chirurgien. Il m'explique le protocole opératoire.

C'est fait, je n'ai plus que quinze jours à vivre avec Alien dans mon sein. La course contre la montre est sous contrôle. J'avance. Je suis vivante. Je suis prête.

Vertige

À l'issue de cette longue période d'attente et de préparation du « guerrier », je rentre dans un premier combat, celui de l'opération et de la préparation à la chimiothérapie. Ce moment va être doublement vertigineux pour moi : je suis bousculée par des événements familiaux inattendus.

Corps étranger

À la sortie de l'opération, je suis fatiguée. Je me rappelle, comme à chacun de mes réveils, avoir parlé, beaucoup, au chirurgien et aux infirmières présentes dans la salle de réveil. Je n'ai pas mal, je suis encore groggy par les produits anesthésiques. Je ne pense pas. De retour dans ma chambre, je devine les lumières du couloir qui défilent dans un demi-brouillard. Je vois, dans l'embrasure de la porte de ma chambre, mon mari et mes deux sœurs, Mumu et Laure. Un soupçon d'inquiétude dans le regard rougi par le manque de sommeil, Olivier est heureux de me voir de retour et arbore un léger sourire. Je ne peux pas encore parler. J'ai la bouche pâteuse. On me remet dans mon lit. Je n'ai pas mal. Je demande ce que l'on m'a retiré. Le chirurgien passera dans la journée dans ma chambre. Tout s'est bien passé, mais personne n'a encore eu les détails de l'opération. Je m'endors de ces sommeils vides postopératoires. Plusieurs fois, j'ouvre vaguement les yeux et vois la présence rassurante de mes proches qui se relaient à mon chevet. Je suis aussi gênée, car je n'ai pas l'habitude que l'on s'occupe de moi, j'ai plutôt l'habitude de m'occuper des autres.

Quelques heures plus tard, je me réveille de manière plus « consciente ». Je demande : « Avez-vous vu le chirurgien ?

– Pas encore, répond Mumu. On n'a pas eu beaucoup de détails. Tout va bien. »

Olivier est inquiet. Il n'a jamais aimé les hôpitaux et manque systématiquement de défaillir à la vue d'une piqûre ou à l'odeur de l'éther. Il n'aime pas tous les fils qui sortent de mon corps, en particulier les drains qui évacuent les liquides postopératoires, que les infirmières vérifient toutes les deux heures. Je sens qu'il prend sur lui pour ne pas montrer son inquiétude et son désarroi. Je me souviens avoir enregistré le numéro de téléphone portable du chirurgien. Ni une ni deux, Olivier note le numéro et envoie un SMS au chirurgien. L'attente est trop longue. Olivier et Mumu partent déjeuner. Je m'endors à nouveau.

De retour dans la chambre, tous deux ont une excellente nouvelle à m'annoncer. Le chirurgien a répondu au SMS et le ganglion sentinelle n'est pas touché. Après avoir trinqué avec ma sœur, Olivier lui répond du tac au tac : « Super cool. » Le Dr B. nous confiera plus tard que la réponse impulsive d'Olivier l'avait fait sourire. En tout cas, nous sommes ravis de cette nouvelle génération de médecins qui répondent aux SMS. Plus sérieusement, le ganglion sentinelle est le premier ganglion recevant le drainage lymphatique du sein, donc potentiellement de la tumeur. En clair, il s'agit du premier ganglion pouvant être touché par le cancer et par lequel les cellules cancéreuses peuvent se propager dans le corps. Il est donc important de l'analyser pour évaluer l'extension du cancer[1]. L'étude de ce ganglion a révolutionné la manière dont sont traités les cancers du sein. Au lieu de la boucherie opérée il y a vingt ans, où l'ensemble des ganglions présents sous l'aisselle était retiré, il n'est nécessaire aujourd'hui de retirer que le ganglion sentinelle (et pas la totalité des ganglions axillaires), si ce dernier n'est pas touché par la tumeur. Les autres ganglions sont dans ce cas préservés. Ceci est une première excellente nouvelle pour moi. Il est en effet peu probable que la tumeur ait métastasé et se soit répandue dans l'organisme. Il est donc fortement probable que l'opération ait permis de retirer toutes les cellules cancéreuses de mon corps. Et puis le risque de garder un bras plus fort que l'autre est moindre pour moi, qui n'aurai qu'à faire des séances de kiné puis à entretenir la mobilité et la musculature de mes bras pour qu'il n'y ait plus de trace.

Olivier a pleuré de soulagement en recevant le SMS du chirurgien au restaurant. Mumu m'en fait un retour ému. L'opération met ainsi un premier point d'orgue à ma guérison. Tout est fini pour Olivier, dans sa lecture manichéenne du monde et de l'être humain. Le reste du traitement ne sera que du préventif, un moyen de « kär-

1. http://sante-az.aufeminin.com/w/sante/s713/maladies/ganglion-sentinelle.html

chériser » mon corps et de diminuer au maximum les risques de récidive… Tout est fini… ou presque. Mais les sept mois qui vont suivre resteront gravés comme un parcours du combattant, pour le nouvel agent secret dont j'ai endossé le statut, et qui va taire son mal et sa réalité aux yeux du monde. En effet, après concertation avec les médecins qui suivent mon dossier, il est convenu que je dois subir une chimiothérapie « adjuvante », c'est-à-dire pour prévenir les risques de récidive. Ma tumeur est en effet à développement rapide, donc agressive, et mes antécédents ont fait pencher pour un traitement complet.

Emma, ma fille, demande à son père de venir me voir à la clinique. Elle reste peu de temps dans ma chambre. Je la sens inquiète, mais elle n'a pas de questions ni de commentaires. C'est le début de deux mois de mutisme qu'il me sera difficile de percer.

La vie est si fragile

Malgré mon insistance auprès du Dr B., ce dernier refuse de raccourcir mon arrêt maladie à deux semaines. « Chère Reine, il faut trois semaines pour récupérer d'une chirurgie du sein, donc je vous demande de tenir ce délai pour vous permettre de mieux redémarrer ensuite. » Je cède donc à cette pression rationnelle. Je négocie néanmoins de retourner à la maison le lendemain soir, après quarante-huit heures d'hospitalisation, ravie de retrouver mon chez-moi et ma famille. La récupération est relativement facile, j'en profite pour passer beaucoup de temps avec mes enfants. Je savoure chaque moment passé avec eux.

Les quinze jours suivants entrent dans la catégorie des jours les plus sombres que j'aie eus à vivre. De retour au bureau le matin du 17 décembre, j'entame une, puis deux réunions, en gardant précieusement mon téléphone au fond de mon sac, fière de ma grande résolution de prendre de la distance avec cet objet dont je ne savais pas m'éloigner plus de cinq minutes consécutives auparavant. À 11 heures, je sors la chose de mon sac à main et vois avec surprise que j'ai reçu une vingtaine d'appels, émanant de mes sœurs et d'Olivier. Les mains tremblantes, j'appelle Olivier.

« Reine, es-tu assise ?

– Euh… Pourquoi, Olivier ? Oui… Que se passe-t-il ?

– Reine, j'ai une très mauvaise nouvelle : ton père est décédé cette nuit. Il est parti pendant son sommeil, paisiblement. Il n'a pas souffert.

– Non ! »

Puis le silence. Je me sens prise d'un énorme vertige, mes bras et mes jambes tremblent, ma tête va exploser. Deux larmes. Je n'en ai plus beaucoup des larmes, elles ont déjà coulé beaucoup ces deux derniers mois.

Je ne disserterai pas très longtemps sur cet événement douloureux qui n'est pas l'objet de ce témoignage. Mais le vertige associé à ma maladie et au décès de mon père, à qui j'avais caché mon cancer, est infini. Perdre le deuxième de ses parents, alors que tout n'a pas été dit, est un moment terrible. Un grand vide. Je suis aujourd'hui la personne la plus âgée de ma lignée. Je suis à présent la doyenne de ma famille.

Les sept frangins partent donc pour ce dernier voyage de notre père en Franche-Comté. Nous y faisons ce que nous avons à faire, et je me rappelle encore une fois cette même route que nous avions empruntée dix-sept ans plus tôt pour accompagner Maman à sa dernière demeure. Celle qui est destinée aux vivants, pour se souvenir, pour garder une trace. L'enterrement se passe vite, discrètement, avec les quelques personnes qui respectaient papa, malgré ses travers, et avec sa famille – et avec mes quelques amies chères qui ont pris la peine de venir nous soutenir en ce matin neigeux du 20 décembre 2010. Muriel, Claude et Gaëlle sont là, mes chères amies, comme toujours, leur présence est non seulement un réconfort inestimable mais aussi une corde de rappel reliée à ma vie, celle qui précède et celle qui va suivre. Pour ne pas se perdre dans l'instant, dans ce moment qui est juste un grand vide.

Nous vivons tous les sept un moment unique le samedi soir qui précède l'enterrement. Nos conjoints ont gardé les enfants et nous nous retrouvons dans un petit bar à Dôle. Image incongrue de l'*Irish Pub* au fin fond de notre Franche-Comté natale. Nous sommes face à nous-mêmes, face aux autres, vidés, tristes, avec une chape de plomb au-dessus des épaules. Nous faisons un « tour de piste », jeu de notre enfance, que nous aimions tant. Un des rares moments où le brouhaha familial – dans lequel celui qui se fait entendre est celui qui parle le plus fort – laisse la place à la prise de parole de chacun, séparément... Une question unique, et chacun devait broder autour. La question du jour : « Comment te sens-tu ? » Le « tour de piste » de notre enfance, ludique et inspirant, endosse de nouveaux atours, celui du cœur à nu, celui de l'âme qui souffre et qui ne sait pas encore comment panser sa peine. Chacun de nous prend la parole quand il le souhaite et les autres écoutent. Quel moment émouvant et beau ! Nous percevons de manière unique la diversité de nos sentiments, les différences de vécu et de personnalité, et nous refaisons l'histoire, chacun avec les yeux de son âge. Nous y mélangeons ce sentiment indescriptible lié au départ du père et l'épée de Damoclès du cancer qui fait frémir chacun d'entre nous, à sa manière. Ce soir-là, nous faisons la fermeture du bar et allons nous coucher les yeux secs mais boursouflés d'avoir un peu trop pleuré, le cœur rempli de cet échange si vrai, et rassurés de sentir cette force qui est la nôtre, qui est celle d'être ensemble et de ne pas se lâcher dans les moments difficiles.

Nous partons dans la nuit du 20 au 21 décembre de Dôle et atteignons Bandol à 3 heures du matin. Nos voitures se suivent, telle une procession laissant la mort derrière elle et cherchant le bout du tunnel vers la lumière, le jour, l'avenir et l'espoir. Les enfants groggy de sommeil sont vite couchés. Les adultes ne parlent pas, nous restons encore ces quelques jours ensemble, coupés du monde. C'est Estelle qui, comme d'habitude, nous réveillera de notre demi-sommeil pour nous rappeler que le 24 décembre, il faut préparer Noël. Message salutaire pour nous tous ! Ce Noël est sobre, beau, nous sommes en vie, ces moments particuliers nous ont fait du bien à tous. Les yeux des enfants brillent de mille feux à la vue des cadeaux. L'ouverture des paquets est un joyeux bazar. Les enfants, comme toujours, nous rappellent à la vie.

Le référentiel de performance et le brouillard cognitif

Mais il faut préparer la suite. Le 28 décembre, je fais un aller-retour éclair à Paris entre Noël et le Nouvel An pour mon premier rendez-vous avec l'oncologue, avant ma première séance de chimiothérapie. Ma sœur Estelle m'accompagne et fait le trajet avec moi jusqu'à Paris, avant de repartir à Bruxelles. Rendez-vous surprenant, violent, réaliste et douloureux. Le Dr A. est pédagogue. Il a compris qu'il a en face de lui une femme qui refuse la maladie ; qui pense que la chose peut être simplement intégrée à son agenda, comme un de ses multiples rendez-vous de la journée. Choc de regards, choc de volontés, il ne me prend pas pour le énième patient de sa journée. Il m'explique le traitement, puis ses impacts. Jusqu'à cette phrase fatidique :

« Reine, au-delà de tout cela, il va falloir que vous changiez votre référentiel de performance.

– Qu'entendez-vous par là ?

– Votre quotidien ne sera pas le même, vous n'allez plus comprendre complètement vos réactions. Et surtout, vous allez expérimenter ce que l'on appelle le brouillard cognitif.

– Mon Dieu, qu'est-ce que cela signifie ?

– Cela signifie que la chimiothérapie va toucher votre mémoire "à court terme". Elle reviendra, mais pendant le traitement et quelques mois plus tard, vous oublierez une partie de votre quotidien. Vous sortirez de réunion sans vous souvenir de ce qui a été dit. Vous serez par ailleurs fatiguée et vous ne pourrez pas avoir les mêmes exigences qu'aujourd'hui vis-à-vis de vous-même ou de votre équipe. La mémoire “à long terme” n’est quant à elle pas touchée. »

Grosse claque. Comment vais-je faire ? Pour le coup, je trouve ces propos d’une violence extrême, mais je crois maintenant que je ne saurai jamais assez le remercier, car cela m’a permis de réfléchir différemment. De ne plus compter que sur moi, mais aussi sur les autres. De ne plus apparaître toujours comme la femme forte que je sais si bien être. De savoir exprimer ma faiblesse, ma fatigue, mes humeurs. Quand l’autre comprend votre état d’esprit, il est plus enclin à se mettre à votre place, il a envie aussi de vous aider. Quel grand pas accompli sur mon orgueil d’aînée de famille ! Celle qui a encaissé les coups sans broncher. Celle qui a dû apprendre à montrer l’exemple aux petits alors qu’elle voulait juste vivre ses expériences. Celle qui, avec son bac en poche à 17 ans, sans le sou, a financé seule ses études. Celle qui voulait se montrer forte alors qu’elle avait aussi ses faiblesses. J’ai donc appris à écouter différemment mes interlocuteurs, en particulier parce que je savais que je risquais d’avoir tout oublié en passant le pas de la porte ! J’ai appris à compter différemment sur mon entourage, sur mes équipes, et j’ai développé une relation intime et plus riche avec la délégation : les personnes avec lesquelles je travaille sont plus épanouies, en tout cas, je l’espère. J’ai appris à laisser s’exprimer « l’humain » dans mon quotidien professionnel. Au-delà des superbes histoires que l’on apprend à tisser pour et avec nos clients, j’ai construit – ou en tout cas réussi à exprimer – différemment ma relation aux autres, avec mes équipes et avec mes clients.

Aujourd’hui, je vois le Dr A. qui me suit par rendez-vous réguliers, à peu près tous les six mois. La réminissence du parcours du combattant. J'apprécie ces échanges avec un médecin qui accepte qu'un patient ait besoin de comprendre et d'anticiper. Ils sont comme une « corde de rappel » que nous sommes tous mortels mais qu'il reste de belles choses à construire et qu'il ne tient qu'à nous-mêmes d'en faire une belle histoire.

Jean-Paul Sartre disait : « Un homme en bonne santé est un malade qui s'ignore. » Cette phrase a guidé longtemps mon existence, entourée d'une famille remplie d'hypocondriaques. Aujourd'hui j'adapterais la citation : un homme en bonne santé est un homme qui s'écoute et se respecte, qui écoute et respecte les autres.

Nouvelle année

Le guerrier que je suis doit se préparer à ce nouveau combat qu'il doit mener, alors qu'il n'est pas au mieux de sa forme. Je retourne à Bandol pour quelques derniers jours de répit, avant de faire face à nouveau au monde, aux autres et à la chimiothérapie.

Avec Olivier, nous avons décidé de maintenir notre fête annuelle du 31 décembre avec nos amis auvergnats. Cette année, la fête doit se dérouler chez nous. Nos amis sont inquiets et nous proposent de faire différemment, en raison du décès de papa. Nous les rassurons. Ces quelques jours que nous passons en leur compagnie pour démarrer une nouvelle année qui va filer vers l'inconnu sont extra. Seules trois amies du groupe sont au courant de mon cancer. Nous en parlons peu. La fête est belle. Nous dansons une bonne partie de la nuit. Mes amies me complimentent sur cette nouvelle coupe au carré qui change quelque peu la physionomie de mon visage et qui, secrètement, me prépare à la perte de mes cheveux et à la perruque.

2011 me tend les bras. Je suis prête à endosser le costume de l'agent secret, qui sera le mien pendant neuf mois.

Combat

Agent secret

Pendant six mois, et sur les conseils avisés de mes oncologues, je tais la chose. Je garde précieusement cette expérience dans un cercle restreint et bienveillant, familial et amical. Je n'ai pas de leçon à donner. Chacun vit comme il le peut cette maladie, il n'y a pas de solution miracle, il n'y a pas d'attitude standard. Chaque posture est un choix respectable.

Je me plonge alors pleinement dans cette expérience secrète et parfois m'y amuse. Il est étonnant de voir comment une journée passe vite lorsque l'on est occupé, le quotidien devient à la fois un dérivatif et une source d'énergie. Je me sens l'âme d'un agent secret, cachée sous ma perruque, avec mon teint pâle camouflé sous un maquillage soigné, mes pieds douloureux enfermés dans des chaussures de deux tailles plus grandes que ma pointure habituelle, mes ongles vernis pour cacher la misère, les bras couverts pour masquer ma peau irritée. Noms de code sur l'agenda, partagés avec nos assistantes et mes équipes : « atelier CT », pour les séances de chimiothérapie et « travail maison », pour indiquer humblement que l'agent secret va se cacher dans la journée qui suit les séances, afin de mieux récupérer. Si un jour j'ai mal aux pieds – ce que les barbares de la médecine appellent le « syndrome mains-pieds » – et que j'ai des difficultés à me déplacer, j'explique que j'ai marché sur un Lego de mon fils au réveil. Si les bouffées de chaleur m'envahissent au point de me donner une impérieuse envie de me déshabiller pendant les réunions, j'explique que j'ai un rhume et une légère fièvre.

Je conserve ce secret jusqu'à ma dernière séance de chimiothérapie. Seul mon patron d'alors est informé et nous garderons ce secret encore un an après la fin des traitements.

Chronique d'une guérison annoncée

L'accompagnement de cette maladie est excellent… voire parfois étonnant, pour moi qui ai en mémoire les traitements subis par ma mère il y a vingt ans.

Le travail commence – et je suis sérieuse – par le cours de maquillage, ou comment cacher son teint pâle tendant vers le vert, comment rendre le plus discret possible la perte des cils et des sourcils, ou quel vernis utiliser pour les ongles fragilisés par la chimiothérapie. Ce moment est étrange mais c'est aussi une bonne entrée en matière pour moi qui appréhende la suite du traitement. J'y rencontre pendant ces deux heures des femmes atteintes de la même maladie, à des stades plus avancés, toutes plus âgées. Je me force à prendre sur moi et à ne pas réagir quand celles qui ont des perruques les posent à côté d'elles sur leur socle pour mieux se maquiller. Ma voisine m'indique que c'est son deuxième cancer et qu'elle est tout de même venue pour une piqûre de rappel sur les bons réflexes à avoir pour se maquiller. J'écoute avec une attention que je n'aurais pas supposée possible auparavant. Ainsi, j'apprends que ma peau pendant le traitement sera particulièrement déshydratée et qu'il me faudra appliquer des crèmes de jour hydratantes gorgées d'eau et non plus mes crèmes pour peaux mixtes. J'y apprends comment redonner de la couleur à mon visage fatigué par l'application d'un blush aux couleurs plus intenses que ce à quoi j'étais habituée. J'y apprends comment leurrer mon entourage en renforçant mes sourcils qui vont sans doute aussi disparaître, au moins partiellement, pendant la chimiothérapie. Moi, l'agent secret, je repars donc de ce cours improbable avec ma mallette de maquillage (ou de camouflage). De grandes marques de cosmétique se sont associées ainsi à une belle opération de marketing en offrant en même temps un véritable service à des femmes comme moi ; car il s'agit d'une immersion dans un traitement qui n'est pas sans effet sur le corps et l'estime de soi.

L'accompagnement se poursuit par la pose de la chambre implantable, le cathéter. Celui-ci permet de préserver les veines du bras qui étaient auparavant utilisées pour administrer les produits de chimiothérapie. Belle innovation médicale, il prend la forme d'une petite chambre, de la taille d'une pièce de monnaie, installée à proximité de la clavicule et connectée à une veine. La cicatrice, indélébile, laissera une trace de tout cela dans mon décolleté. C'est, d'une certaine manière, un point commun à tous les cancéreux traités par chimio, un signe de reconnaissance. Heureusement, nous sommes en hiver et il ne sera pas difficile de le cacher ! Je me rends seule ce jour-là à la clinique. La pose se fait en hôpital de jour et sous mini-anesthésie.

Je reprends ensuite la route pour retourner chez moi et me dis alors que je n'aurais sans doute pas dû prendre la voiture, car je me sens encore fatiguée. Mais l'idée, que me suggèrent en permanence les infirmières, de prendre une ambulance me semble saugrenue et je n'arrive pas à m'y résoudre.

C'est parti. La chose est bien là et la première séance de chimiothérapie commencera dans quarante-huit heures.

Avant-dernier point de ce tour de piste préparatoire : les ordonnances pour les effets secondaires. Je me sens là aussi comme James Bond recevant les derniers gadgets de l'atelier avant de partir en mission. Sauf que là, on ne vous donne pas de BMW décapotable ou de montre en or lance-roquettes, mais des recettes contre les effets secondaires. Dix ordonnances me sont prescrites à titre préventif par la clinique : y recourir dès l'apparition du moindre effet secondaire. Je les ai toutes utilisées, quelle fierté !

Le dernier point de cette préparation intense concerne mes cheveux. Je garde le souvenir de ma mère qui avait eu beaucoup de mal à accepter la perte de ses cheveux. Je l'avais convaincue à l'époque de se raser le crâne et l'avais fait pour elle dans la sobriété de notre salle de bains. Je ne souhaite pas faire subir cela à mon mari, déjà très affecté par tout ça. En prévision de la chimio, je décide alors de couper progressivement mes cheveux et de les ajuster en deux étapes à la coupe de la perruque que je choisirai courte, par commodité et pour éviter les questions inconfortables ; ainsi, avec mes proches et au bureau, on ne s'en rendra pas compte. Ce choix de perruque, je le fais aussi avec une étape d'avance et nous allons tous les quatre la choisir. Quel moment improbable ! Le petit Mathis court dans les couloirs, la grande Emma reste sans mot et arrive à peine à s'exprimer, mais elle est extrêmement attentive à tout ce que dit la vendeuse de la boutique de perruques. En tout cas, même si c'est un vrai moment de préparation « familiale »... il ne me permet toujours pas de retrouver un terrain de communication avec ma fille. Emma appréhende sans doute que ses amies à l'école se rendent compte que sa maman est malade et porte une perruque. Elle est aussi tellement inquiète et, du haut de ses 8 ans, réalise peut-être que la vie est fragile.

Je me rends à la première séance de chimiothérapie, accompagnée de ma sœur Marie et d'Agathe. Marie, c'est la jumelle, cette petite sœur devenue grande à 9 ans, aujourd'hui belle adulte accomplie, sage-femme à Marseille. Je suis touchée, car Marie prend une semaine de congés pour accompagner ma première chimio. Les rôles s'inversent et je me laisse porter par cet amour qui dépasse l'écart d'âge et crée une nouvelle passerelle entre nous. Agathe est quant à elle devenue mon coach en santé et bien-être. Elle a aussi le courage de m'accompagner dans ce premier moment. Charlotte passera me voir. Charlotte est une amie de mon amie Muriel. C'est aussi la seule jeune femme que j'ai réussi à identifier dans notre entourage indirect qui soit passée par les mêmes affres. Elle me donne des conseils et m'explique quelques détails avec une simplicité et une générosité déroutantes. Je découvre grâce à Charlotte ce lien ténu et si fort entre personnes qui vivent la même expérience. Ce ne fut pas particulièrement simple pour elle, ni pour son mari et ses quatre enfants encore en bas âge. Revenons à la salle de chimio. Les murs sont recouverts d'une peinture naïve aux couleurs pastel, représentant un champ agrémenté de fleurs et d'un ciel bleu azur. La salle est disposée de manière originale, et composée d'une dizaine de chaises longues en demi-cercle, séparées par de petits rideaux que l'on peut tirer ou non. Les chaises longues sont tournées vers un « bar » central équipé d'une chambre froide en verre dans laquelle s'affaire le personnel médical. L'infirmière m'explique avec douceur et pédagogie les différents produits qui vont m'être administrés. J'entends sans entendre, j'ai du mal à me concentrer. Parmi les personnes qui m'entourent dans la salle se trouvent des femmes endormies, sans doute à la fin de leur séance, qui ne doit pas être leur première ; elles ont de jolis foulards ou des perruques, mais aucune n'a mon âge. Pourtant on m'avait bien dit que les personnes qui suivaient ces séances étaient de tous les âges. Oui, de tous les âges, mais au-dessus de 60 ans !

Le spationaute se substitue alors à l'agent secret et j'enfile mon casque et mes moufles glacés. Ces habits de circonstance ont pour objectif de limiter l'arrivée du produit dans les ongles et les cheveux, et donc les risques de les abîmer ou de les perdre. Bienvenue aux… sacs surgelés de petits pois Picard pour protéger les ongles des pieds pendant la chimio ! L'avantage pour moi est que je ne sais plus trop où j'ai mal pendant ces séances, la douleur induite par le froid anesthésiant toutes les autres douleurs.

Demain est un autre jour

Pendant trois heures, toutes les trois semaines, me voici donc en train de suivre un nouveau traitement et des séances de chimio. La première séance est une plongée dans l'inconnu. Heureusement, je ne suis pas seule, mais accompagnée par mari, sœurs, cousine, tante, belle famille et amies. Un planning est même mis en place par mes chères sœurs pour assurer une présence à mes côtés à chaque chimio. Je trouve cette attention incroyable, émouvante et surtout rassurante. Nos retrouvailles ressemblent parfois au café du commerce, en particulier la dernière. Laure étant bloquée par une audience, elle contacte plein de monde pour s'assurer que quelqu'un est bien avec moi ce jour-là. Résultat : sept personnes présentes le jour J. Franches rigolades alternent avec quelques larmes, en particulier les cinq dernières minutes, pendant lesquelles je ne supporte plus les moufles glacées qui me brûlent le bout des doigts à en hurler de douleur. Mon regard croise alors celui de mon frère Pierre, apaisant, empathique, celui qui vous dit « J'aimerais tant être à ta place, grande sœur, pour ne pas te voir souffrir », celui qui vous dit aussi « J'ai compris », tout simplement. Nos quatorze ans d'écart ici soudain s'estompent. Il ne reste que nos regards qui se croisent dans une communication impalpable, improbable, silencieuse et si riche de sens. Pierre, c'est le vrai petit dernier de la fratrie, mais aussi le plus solide. Ingénieur en informatique et passionné d'arts martiaux depuis la classe de quatrième, il a trouvé dans ce sport un exutoire à ses questions d'adolescent. Il y a rencontré aussi de belles amitiés et un esprit de corps, qui l'ont aidé à construire l'adulte qu'il est devenu, lui aussi, avec le temps. Il incarne pour moi pleinement ce concept de génération Y sur laquelle la presse économique et spécialisée se répand en analyses diverses et variées. En tout cas, ce jour-là, il est devenu mon grand frère, l'espace d'un moment, moment unique et qui restera gravé pour longtemps dans nos mémoires.

Je vis alors au jour le jour. Je pense souvent à *Autant en emporte le vent* et cette petite peste de Scarlett O'Hara, à la fois forte, butée et fragile : « Demain sera un autre jour. » Moi aussi, je vis au jour le jour. Je n'arrive pas à me projeter au-delà de la journée. Mon quotidien est bien réglé, les rendez-vous médicaux s'enchaînent à un rythme de métronome : prises de sang, chimio, rendez-vous avec l'oncologue, et on recommence toutes les trois semaines. D'un commun accord avec le chirurgien, je cale ces séances le jeudi après-midi, ce qui me permet de travailler à distance le vendredi et d'avoir le week-end pour récupérer, avant de retourner au bureau le lundi suivant. Le boulot, la vie à la maison et les deux pitchounes viennent ponctuer ce quotidien par une activité salutaire. Cette période reste floue dans mon esprit. Je suis remarquablement entourée par mes proches, ce qui me permet encore mieux de conserver mon statut d'agent secret au travail.

Je suis mon traitement le mieux possible, en essayant de minimiser les doses de médicaments que j'ingurgite quotidiennement. Mais c'est un vrai challenge ! L'équation est simple. La séance de chimio affecte les défenses immunitaires, et donc une piqûre à 1 000 euros après chaque chimio vient stimuler la moelle osseuse et la production de globules blancs. Elle provoque chez moi des douleurs dans les os qui ressemblent aux courbatures de la grippe et qui font très mal aux reins. Mais cela passe au bout de quelques jours. Les produits génèrent aussi de fortes nausées, et donc me sont administrés d'autres médicaments qui permettent de diminuer fortement mes souffrances. Ces derniers provoquent des difficultés dans la digestion et je dois prendre des laxatifs pour aider à fluidifier l'ensemble. Mon quotidien se limite à identifier les effets secondaires qui se produisent dans la foulée ou quelques jours après la chimiothérapie (les « effets retards ») et à les traiter. C'est le syndrome mains-pieds, ou encore une allergie aux produits de chimiothérapie. C'est aussi la mycose de la bouche qui va anéantir mes papilles pendant plus d'un an. C'est enfin ce syndrome des pieds brûlants qui me laisse encore aujourd'hui quelques souvenirs impérissables. Ce jour-là, après la troisième chimio, me voici obligée de quitter le bureau en catastrophe – statut d'agent secret oblige – car mes pieds ont une réaction bizarre. J'ai l'impression d'avoir deux feux clignotants dans mes chaussures, qui font 50 degrés. Arrivée à la maison, je retire avec une immense satisfaction chaussures et chaussettes ; mes pieds sont rouge vif, et cette couleur a pris la forme d'une ballerine (sous la plante et sur les côtés). Qu'à cela ne tienne, je me mets en position d'agent secret au repos, les pieds posés sur la table basse du salon, le PC sur les genoux et le téléphone à l'oreille, avec une énorme couche de Biafine sur les zones endolories. Je dois recommencer cette opération toutes les demi-heures jusqu'à la fin de la journée sans pouvoir apaiser la douleur. J'ai mal pendant trois jours. La souffrance ne me quitte pas et comme l'agent secret ne peut se permettre d'être absent de son poste, je me rends chez mon chausseur ; j'y trouve une paire de santiags assez improbables, beiges, pointure 41, qui me permettent d'y ranger soigneusement ces pieds tout boursouflés. Me voici donc affublée de ces deux pauvres chaussures pour rejoindre le bureau, avec une démarche lente et peu assurée. Eh bien, figurez-vous que personne ne s'est rendu compte de quoi que ce soit. L'image du Lego au réveil a bizarrement convaincu tous mes collègues et les chaussures, plutôt étonnantes en regard de mon style vestimentaire habituel, n'ont étonné personne. Olivier, pour le coup, croit que je suis, une fois encore, particulièrement douillette et s'amuse de ma Biafine et de mes santiags. Il réalisera trois semaines plus tard, alors que mes pieds desquament complètement, que la douleur était réelle ; il revient tout penaud vers moi en s'excusant de ne pas m'avoir crue. Il me faudra quatre séances chez le podologue pour redonner bonne figure à ces deux extrémités corporelles alors peu présentables... C'est maintenant le souffle qui me manque. Progressivement, je m'aperçois, après chaque nouvelle séance de chimio, que j'ai plus de mal à marcher, à monter les escaliers. Je m'imagine ou plutôt je me sens très âgée, comme ces vieilles dames charmantes qui marchent dans la rue, dans une tenue d'une autre époque. Elles font leurs courses au ralenti, économisant leur souffle pour réussir à faire l'aller-retour depuis leur domicile. Il est difficile de le cacher, mais personne ne me pose de question à ce sujet. Je me souviens de ce déplacement commercial à Bruxelles, avec mes deux vaillants collègues marchant au pas de course pour faire le trajet de la gare au bar du centre-ville, du bar aux bureaux de notre client, puis le trajet du retour... Cette journée est un véritable enfer pour mes poumons alors plutôt affaiblis, et je ressens les cinq cents mètres à parcourir entre chaque lieu comme un marathon de vingt kilomètres. Je demande à plusieurs reprises à mes collègues de ralentir un peu la cadence, ce qu'ils font avant de l'oublier quelques minutes après. Je paie cher à ce moment-là ma posture d'agent secret.

Mais c'est sans doute la perte de mes cheveux en particulier et de mon système pileux en général qui me fait le plus mal. Paradoxal ou pas, le système pileux est signe de féminité et se voir avec une peau de bébé et un crâne comme un champ de ruines est un peu délicat. Qu'à cela ne tienne, je me fais raser la tête par Karine, ma coiffeuse chez Dessange. Je me souviens encore de ma gêne lorsque je l'ai informée que j'allais perdre mes cheveux et que j'avais besoin de son aide pour les raser, si elle le voulait bien. Je n'aurais pas réussi à le faire moi-même. Elle m'a regardée, s'est tue un instant, et m'a dit : « OK, je le ferai. C'est dur ce que vous me demandez là, mais OK, je le ferai, je vous aiderai. » Je lui suis infiniment reconnaissante d'avoir accepté de jouer ce rôle dans la pièce de théâtre du cancer. Mumu et Brigitte ont vaillamment proposé de m'accompagner dans ce moment difficile. Leur émotion se lit sur leur visage. Mumu a le regard lourd, ses yeux noirs légèrement embués par des larmes qui veulent rester cachées. Elle demeure armée de son sourire courageux, les joues légèrement colorées. « La parole a été donnée à l'homme pour cacher sa pensée[1]. » Dans ce moment bizarre, la pensée de Mumu est palpable, et les mots sont inutiles ou trop faibles pour habiller l'instant. C'est l'émotion qui nous lie, main dans la main, comme quand nous étions enfants. Nous savons toutes les deux que c'est temporaire, que mes cheveux repousseront, peut-être différemment. Nous rions aussi. Karine nous emmène dans l'un de ces petits box pour « people VIP » et rase mes cheveux avec toute la discrétion et le recul possibles. Juste un instant, ses ciseaux lui échappent des mains et tombent au sol, nous en rions toutes les quatre et poursuivons l'opération délicate mais indispensable.

1. J'ai toujours trouvé que cette citation était très belle. Elle est d'ailleurs attribuée à un jésuite portugais du nom de Malagrida.

De rires et de larmes

C'est toute la famille qui doit composer avec le cancer, qui s'est invité à passer quelques mois à notre domicile… *Harry Potter* est venu à mon secours pour recréer du lien avec ma grande chérie de 8 ans et trouver la bonne longueur d'ondes. Au moment de l'opération, puis pendant près de deux mois, Emma n'a en effet « pas de questions et pas de commentaires, Maman ». Je ressens qu'elle est aussi chamboulée, mais ne parviens pas à la faire parler. Je lui explique par des mots simples – en tout cas, je l'espère – ce que je suis en train de vivre, en m'adressant, l'air de rien, à mes sœurs, alors qu'elle est toute proche et concentrée sur nos conversations. Un matin, je n'entends pas la porte de sa chambre s'ouvrir. En me voyant sans ma perruque, Emma s'exclame : « Maman, on dirait Voldemort[1] ! » Pour les aficionados d'*Harry Potter*, Lord Voldemort est adepte de la magie noire et c'est le principal méchant de la saga de J. K. Rowling. Les traits de son faciès sont complètement estompés et il n'a pas de cheveux. Il est aussi appelé « Celui-dont-on-ne-doit-pas-prononcer-le-nom » ou « Tu-Sais-Qui ». Je me retrouve donc affublée d'un surnom évoquant à la fois ma calvitie temporaire, que l'on n'a d'ailleurs pas du tout envie de nommer, et la magie noire qui intrigue et apeure.

Abasourdie, gênée, j'éclate de rire après quelques secondes d'un silence qui se cherche… et nous vivons toutes les deux ce moment improbable dans une énorme

1. Pour les inconditionnels d'*Harry Potter*, on reconnaîtra que ce parallèle est peu flatteur. http://fr.wikipedia.org/wiki/Voldemort

bouffée de rire et de légèreté. Pour la première fois depuis deux mois, elle me pose enfin des questions. Elle n'avait pas compris que je portais à présent une perruque et que j'avais perdu mes cheveux. Elle se demande comment c'est de porter une perruque. Je ne trouve pas d'autre comparaison que le bonnet de ski que l'on porte toute la journée… Le soir même, à la maison, alors que je lui faisais un câlin, Emma me demande de me baisser. Elle retire ma perruque d'un geste rapide et assuré et me dit : « Maman, à partir de maintenant, tu pourras être comme ça tous les soirs. » J'ai la chair de poule et une irrépressible envie de pleurer. Non seulement nous avons rétabli le lien, mais je suis à ce moment-là terriblement fière de ma fille… tellement mature, grande, incroyable.

Mon fils Mathis a 18 mois à ce moment-là, et je ne sais pas trop ce qu'il a compris de tout ça, du haut de son année de vie. Il est mon rayon de soleil, un point de repère constant de bonne humeur et de regard coquin, quel que soit mon état physique… Juste un peu d'étonnement, lorsqu'une touffe de cheveux lui reste dans les mains pendant notre grand câlin rituel du soir sur le canapé. Aujourd'hui encore, il en garde certainement quelques traces et j'ai la chair de poule quand il me demande régulièrement, avec son petit regard vert kaki sous son casque blond : « Maman, est-ce que tu es contente ? »

Digressions sur le ski

Février 2011. Les Alpes m'ouvrent leurs bras enneigés et glacés. Nous avons décidé courageusement d'aller aux Arcs 1800, avec Emma, Mathis ainsi que Pierre et Marie. Nous ne sommes pas partis tous ensemble en vacances depuis très longtemps, trop longtemps. Les enfants s'éclatent et jouissent simplement de ce bonheur de voir les pistes devant la terrasse de notre appartement et d'y chausser leurs skis. Pierre et Marie ont les yeux qui pétillent et je savoure cela comme un moment unique – je n'ai pas vu cela depuis si longtemps dans leur regard. Moment de complicité immense avec Mathis, j'encaisse alors les effets de la seconde séance de chimiothérapie et préfère ne pas chausser mes skis. Moment de solitude incroyable pendant la journée, moment de bonheur simple le soir, je les écoute échanger et débattre sur les moments forts du jour. Ne pouvant pas skier, je tente le spa de la résidence. La piscine s'expose superbement aux baies vitrées qui la mettent en valeur devant les pistes de ski. Cette couleur gris bleuté se réverbère et renvoie un sentiment de luxe au monde extérieur. Je m'achemine vers le spa qui apparaît dans l'enfilade. Les masseuses me semblent particulièrement stressées – et pour cause – lorsque je remplis le formulaire d'aptitude au massage. Je coche la case « cancer en cours de traitement ». Elles débattent un long moment avant de se convaincre qu'elles ont l'autorisation de me masser, sans que cela provoque un cancer généralisé pour moi ou pour elles. Je les rassure. Ce débat me paraît tellement étonnant et improbable. Je profite néanmoins de ces massages : baume sur la peau, baume au cœur, mais avec le stress palpable de l'esthéticienne en mal de normalité.

Après le sprint de la chimio démarre celui de la radiothérapie. Je bénéficie d'un mois de pause entre les deux traitements et c'est sans doute mon premier rayon de soleil depuis l'opération. Je me sens revivre, les produits de chimio s'estompent dans mon corps – même si j'ai compris qu'ils mettront deux ans à disparaître complètement. Je choisis de faire mes séances tôt le matin avant de me rendre au bureau. Quelques dizaines de secondes d'irradiation quotidienne me sont administrées pendant sept semaines. Mais alors que la chimio s'était déroulée dans les plannings prévus, je dois faire deux poses d'une semaine dans les sept semaines de traitement prévues, car ma peau réagit mal et apparaît très brûlée au médecin. Ces semaines passent vite, et je vois chaque matin le soleil se lever sur Paris, entre mes séances et mes rendez-vous matinaux à Issy-les-Moulineaux, La Défense ou Saint-Denis. Je vois aussi le soleil se lever à nouveau sur ma vie, alors que la fin du traitement approche, et que je décompte chaque jour avant la fin. Le marathon s'achève par un matin de juillet. L'été prédit arrive. Je renais progressivement.

Le destin n'est pas écrit

Quatrième génération de cancer du sein. Je fais, à la demande de l'oncologue, un test de dépistage génétique des gènes BRCA1 et BRCA2, deux gènes parmi nos 30 000 gènes, identifiés comme sources de cancers du sein ou des ovaires. Celles qui les portent ont un risque majoré de cancer du sein. Ainsi, une femme a, de manière générale, 10 % de risque de développer un cancer du sein et 1 % un cancer des ovaires. Ces probabilités passent respectivement à 70 % et 40 % pour les femmes qui présentent une altération de ces gènes.

Je me rends donc sans hésitation à l'Institut Curie pour une prise de sang, dont j'ai les résultats neuf mois plus tard. C'est important car, si je suis porteuse du gène, mes cinq sœurs, ma fille, mes cousines et ma tante pourront, si elles le souhaitent, passer le même examen. Si je suis porteuse, on devra me retirer les ovaires et les trompes avant l'âge de 50 ans. Je sais aussi que je n'échapperai pas, quoi qu'il en soit, à un échange avec l'oncologue sur cette perspective, étant donné mes lourds antécédents familiaux.

La présentation des résultats est faite quelques mois plus tard à l'occasion d'un nouveau rendez-vous avec la généticienne. Cette dernière m'apprend que je ne suis porteuse d'aucun des deux gènes. Elle paraît déçue. Je suis ravie, il n'y a donc pas d'origine génétique connue à ma maladie. Cela ne veut pas dire pour autant que la chose n'est pas génétique, puisqu'il y a peut-être d'autres gènes porteurs du cancer du sein, que la médecine n'a pas encore découverts. Mais en tout cas, ce jour-là, je me sens plus légère, pour moi, pour ma fille et pour mes sœurs. Mon destin n'est pas écrit d'avance. J'en reste maître. Je reste libre. Je gagne enfin un répit de dix ans, les ovaires devront par précaution être retirés quand j'aurai 50 ans. J'ai encore du temps devant moi.

Conscience

Mais tout ceci n'est finalement que la partie émergée de l'iceberg. Au-delà du corps bousculé, malmené par les traitements, je me suis aussi remise en cause en profondeur. Je ne comprends pas pourquoi j'ai porté en moi cette maladie. Qu'est-ce qui cloche chez moi ? Qu'est-ce qui ne va pas dans ma vie ? Quels sont les paramètres qui offrent un terreau favorable au cancer ? J'ai réfléchi et découvert ainsi tout un pan d'actions possibles pour améliorer mon bien-être physique et psychique, qui me sont encore d'une grande aide aujourd'hui. Le cancer est un cyclone et une remise en question fondamentale de ce que j'étais, de ce que je suis et de ce que je veux être. David Servan-Schreiber, l'auteur de mon livre de chevet après l'opération, l'exprime de la plus belle manière qui soit : « Le prix à payer est de mener une vie plus consciente, plus équilibrée [...] et plus belle[1]. »

1. David Servan-Schreiber, *Anticancer*, Pocket, 2011.

Une approche globale du corps et de l'esprit

Depuis ma maladie, je me suis penchée sur un ouvrage qui a été une porte d'entrée sur tout un champ de réflexion, sur un angle mort de ma vie jusqu'à présent. David Servan-Schreiber a été critiqué, aimé et en tout cas beaucoup lu par les personnes atteintes de cancer. Je ne fais pas exception à la règle et j'ai acheté son ouvrage, *Anticancer.* J'en avais peu discuté avec ma mère à l'époque, mais elle avait dû se poser les mêmes questions et je me souviens d'un ouvrage du Dr Valnet qui était son livre de chevet.

Au-delà de la chance que j'ai eue de le détecter tôt, je me répète souvent que le cancer est une véritable alerte. David Servan-Schreiber estime que c'est avant tout le style de vie qui prédispose au cancer, avec trois composantes : la nutrition, l'activité physique et la gestion du stress. L'auteur indique même que « 40 % des cancers peuvent être prévenus par de simples changements dans l'alimentation et l'activité physique. » Autre chiffre probant, en Asie : il est détecté sept à soixante-neuf fois moins de cancers qu'en Europe (sein, colon et prostate)[1]. Servan-Schreiber a d'ailleurs légèrement fait évoluer son propos dans son dernier ouvrage, celui qu'il a écrit au moment de la récidive de son propre cancer du cerveau et juste avant de mourir. Il place en premier lieu la sérénité intérieure comme facteur de guérison ou de bonne santé, puis ex æquo, l'activité physique et la nutrition.

Nous avons passé, mon mari et moi, des soirées animées avec nos deux amis, Guillaume et Agathe, qui ont

1. *Ibid.*

complètement revisité, avec la naturopathie, leur mode d'alimentation et qui ont partagé avec nous leurs réflexions sur le sujet. J'ai pu travailler sur quelques paramètres qui m'ont aidée à gérer ma maladie à court terme, puis à limiter les facteurs de récidive par l'alimentation et l'activité physique. Ce que nous sommes est un tout, et il est intéressant de regarder la maladie comme un élément de ce tout plutôt que de manière indépendante.

C'est ce que permet la naturopathie. Discipline relativement récente, datant de la fin du XIXe siècle, elle plonge ses racines dans la Grèce du Ve siècle avant J.-C. Ses fondamentaux ont été définis par Hippocrate et ne peuvent que faire écho en chacun de nous. Ils nous rappellent que la nature guérit, qu'au-delà des symptômes, il faut travailler les causes d'une maladie, ou encore qu'il est important de détoxifier l'organisme. La méthode est fondée sur le fait qu'une maladie est due en premier lieu à un déséquilibre des humeurs de l'organisme (sang, lymphe, bile, liquide céphalo-rachidien). Reconnue par l'État en Australie, elle l'est beaucoup moins aujourd'hui en Europe, mais commence à faire de nombreux adeptes et est porteuse de belles promesses. En effet, l'enjeu est une approche à 360 degrés des équilibres de l'organisme, en travaillant à la fois sur le régime alimentaire, sur l'hygiène de vie et sur l'utilisation des plantes et des huiles essentielles… Je me suis appliqué un certain nombre de ces principes, dont je découvre jour après jour de nouveaux bienfaits.

Le bien-être

La bonne alimentation est la recherche de toute une vie. Nous sommes certes passés à l'acte de manière un peu radicale... Avant le démarrage de la première chimio, nous avons vidé intégralement nos placards des produits alimentaires « non bio ». Nous avons complètement revu, du jour au lendemain, notre mode d'alimentation pour passer au « total bio ». Ainsi, nous avons décidé de rééquilibrer notre consommation de légumineuses, de céréales, de protéines. Ensuite, nous avons quasiment éliminé les produits à base de lait de vache. En effet, l'état de la filière du lait de vache est de plus en plus décrié par les experts et, de toute manière, nous recevons un apport suffisant en calcium par notre nouveau régime alimentaire. Je ne rentrerai pas ici dans une querelle ou un débat qui n'est pas le mien sur la pérennité de la filière laitière. Je m'attache quotidiennement à intégrer dans mon alimentation des aliments et épices anticancer, en m'appuyant sur les ouvrages des Drs Servan-Schreiber et Khayat. Je fais aussi l'effort d'associer à mon alimentation des éléments qui me permettent en premier lieu de mieux supporter la maladie : des pruneaux (constipation), du nigari[1] (élimination rénale), de la phytothérapie et des huiles essentielles (entretien de la flore intestinale et cicatrisation, cheveux et ongles), du niaouli (apaisement de la peau soumise à la radiothérapie), de la vitamine C (énergie), du curcuma et du poivre noir,

1. Mot japonais désignant un produit extrait du sel marin et dont la composante principale est le chlorure de magnésium.

de l'ortie, de la prêle, du sésame. Mélange anticancer par excellence...

Par ailleurs, les régimes alimentaires peuvent être adaptés aux groupes sanguins. Quelle drôle d'idée, me direz-vous ! En fait, pas tant que cela... « Votre groupe sanguin [...] c'est en fait une valve qui contrôle vos systèmes digestif et immunitaire, une sorte de chien de garde biologique qui accroît la capacité de votre corps à survivre et à bien se développer[1]. » Cette approche est basée sur un constat : l'évolution des groupes sanguins au cours du temps constitue un indice de leur importance dans la survie et l'évolution de l'espèce humaine. Ces évolutions sont liées à l'évolution physiologique de l'espèce ou encore aux conditions climatiques. Elles ont permis à l'être humain de renforcer ses défenses immunitaires contre des agressions virales, bactériennes, environnementales et de s'adapter à une alimentation de plus en plus variée. Ainsi le groupe O est le groupe sanguin originel, celui de l'homme de Cro-Magnon. Le groupe A est apparu entre 25 000 et 15 000 ans avant notre ère, et le groupe B entre 15 000 et 10 000 ans, selon le Dr D'Adamo. Quoi qu'il en soit, et quels qu'en soient les bénéfices in fine, j'ai redécouvert la saveur des aliments, des légumes, des fruits, du poisson et des crustacés. Je suis aujourd'hui persuadée que l'alimentation peut être un terreau propice à entretenir ma santé. Ainsi, une alimentation saine et limitant les produits polluants et chimiques contribue à « booster » les défenses immunitaires. Si ces nouvelles habitudes sont faciles à intégrer pour Mathis, mon fils, dont les papilles s'ouvrent au monde et à ses saveurs, il

1. Dr Peter J. D'Adamo, *4 groupes sanguins, 4 régimes*, J'ai lu, 2010.

en est autrement pour Emma, accoutumée à un régime alimentaire plutôt *junk food*. Après notre changement d'alimentation assez radical, nous avons dû revenir en arrière pour elle et nous introduisons à présent progressivement de nouvelles saveurs bio qui viendront se substituer en douceur à son alimentation actuelle. Ce sera un effort de longue haleine pour elle.

Au-delà de l'alimentation, il a été démontré que l'activité physique diminue les risques de récidive. Pour différentes raisons, j'ai dû arrêter le sport pendant cinq ans et mon corps, après le traitement, n'était qu'un champ de ruines. J'ai appris, tout au long de la maladie, à écouter mon corps, chose il est vrai que je ne savais pas vraiment faire. J'ai appris à repérer les symptômes bizarres, à être attentive à ma fatigue, à me mettre au centre de tout cela.

J'ai cherché pendant quelque temps les moyens de faire travailler en douceur mon corps mis à mal par les traitements et j'ai trouvé plusieurs pistes qui peuvent être intéressantes pour les personnes passant par la même expérience du cancer. Tout d'abord, j'ai (re)découvert le bien-être que procure un massage, qui aide à drainer les tissus, à soulager les courbatures liées aux médicaments, à hydrater la peau asséchée par les produits chimiques. J'ai retrouvé aussi les bienfaits de l'acupuncture que je pratiquais depuis quelques années. En effet, elle peut accompagner spécifiquement les effets secondaires de la maladie en agissant sur les points d'énergie qui y sont associés : les sourcils et les cils, la bouche, la peau, l'élimination du produit chimique, la fatigue... Certains acupuncteurs se sont même spécialisés dans le domaine du cancer. Ainsi, à partir de la seconde chimiothérapie, je me suis rendue chez le praticien la veille et le lendemain de chaque séance de chimio, rigoureusement puis une fois par semaine pendant la radiothérapie. Je ne remercierai jamais assez l'acupuncteur pour le bien-être relatif que cela m'a procuré pendant toute la durée du traitement. Je continue aujourd'hui encore à faire des séances régulières d'acupuncture, toile de fond de la reconstruction de mon nouvel être.

À l'issue de la radiothérapie, j'ai cherché un sport qui me permettrait de reconstituer ma musculature et de redessiner mon corps. Je me suis orientée alors vers la pratique régulière de la natation et du Pilates (cf. p. 200), qui seuls me permettent de préserver et de récupérer progressivement l'usage de mes tendons. Je travaille à éliminer peu à peu les dix kilos pris pendant cette succession d'événements traumatisants pour le corps. Je sais que c'est un travail de longue haleine qui prendra du temps et me suis armée de patience.

La relation à soi et aux autres

« Science sans conscience n'est que ruine de l'âme. » J'adore cette phrase de Rabelais. Propos suranné ? Pas tant que cela. Au-delà du corps, l'esprit est aussi touché en plein cœur. Enfermée dans ce grand moment de solitude, après l'annonce de ma maladie, je me suis sentie complètement impuissante, je n'étais plus l'actrice de ma vie, j'avais perdu mes repères. J'ai appris progressivement que faire face à l'angoisse de la mort, c'est devenir pleinement soi-même. La mort reste une issue inéluctable pour tout humain sur cette terre… Je tâche de rendre ma vie la plus belle et la plus longue possible.

Je m'écoute aujourd'hui différemment, j'apprivoise mes émotions, mon affect, mes intuitions, souvent malmenés par nos rythmes professionnels effrénés. Je me suis en tout cas réconciliée avec cette part de moi-même enfouie sous un masque social. Je porte aussi un nouveau regard sur l'autre. Tout d'abord sur mes enfants : je chéris chaque moment passé avec eux malgré les brouilles du quotidien, je loue ma chance d'avoir eu le bonheur de donner la vie. Puis sur ma famille. J'ai enfin un nouveau regard sur le monde.

Rémission

20 juillet 2012. C'est l'anniversaire de Maman ! Dix-huit ans déjà, j'ai atteint la majorité dans ma vie sans elle. Face au tsunami du cancer, on remet toute sa vie en cause : ai-je fait les bons choix ? Qu'est-ce qui ne va pas chez moi ? Dans ma relation aux autres ? Dans mon cas, je dois aborder une question difficile : s'il ne me restait que dix ans à vivre, que voudrais-je faire de ma vie ? Les parallèles sont rapides. Maman a eu son cancer au même âge que moi. Autre parcours de vie : elle a été soignée tardivement, elle est partie à l'âge de 48 ans. Il n'en demeure pas moins que la question est là, omniprésente. Elle a guidé mes choix depuis, ces petits combats et ces grands dilemmes du quotidien, faits de joies et de souffrances, de rires et de larmes, de silences et de témoignages, avec ce que cela implique de confidences sur une expérience qui reste éminemment personnelle et dans laquelle on se sent si seul.

La vertu du silence

« La parole a été donnée à l'homme pour cacher sa pensée[1]. » J'ai fait le choix pendant un temps de taire mon cancer, de le cacher aux yeux des autres et de la société. Je fais aujourd'hui le choix d'en parler. Je n'ai aucune leçon à donner, uniquement quelques réflexions à partager.

J'ai fait le choix raisonné du silence à plusieurs titres.

J'avais tout d'abord besoin d'assumer pleinement cette maladie, pour pouvoir ensuite me projeter dans le regard de l'autre. Puis j'avais besoin d'une relation vraie avec mes proches : j'ai accepté, pour la première fois de ma vie, d'apparaître avec mes faiblesses et de demander de l'aide. Enfin, je souhaitais que cette maladie ne devienne pas un boulet aux pieds de mes enfants, qu'ils n'aient pas à en souffrir et que nous ayons la vie la plus normale possible. Au-delà du fait de le dire à mes proches, la seconde entorse à ma règle a été d'en parler à une personne de mon équipe, puis plus tard à mon patron juste avant la dernière chimio. Je sentais en effet que ma fatigue se faisait plus lourde à gérer à chaque nouvelle séance et je ne me faisais plus pleinement confiance à ce moment-là pour tenir intégralement cette posture d'agent secret que je cultivais depuis six mois. Cela ne m'a rien apporté d'en parler dans le cadre professionnel, je n'ai pas reçu plus d'aide pour autant dans mon quotidien et finalement la chose s'est réglée toute seule. Mais bon, le secret a été gardé.

---

1. Voir note p. 56.

Aujourd'hui, il me paraît important d'en parler. Il y a en effet plus de 100 000 nouveaux cas de cancer par an dans la population active française[1]... C'est un chiffre qui donne froid dans le dos. Comment vivre avec le double statut de salarié et de malade ?

Le cancer est devenu une maladie de société et, en tout état de cause, l'entreprise va devoir apprendre à composer avec cette maladie, qui touchera de plus en plus de salariés. Il reste un sujet tabou aujourd'hui dans le monde professionnel, pour les managers qui ne savent pas comment réagir, et pour les jeunes salariés en particulier : le spectre de la maladie et de la mort reste un sujet qui leur fait peur. L'entreprise sait déjà globalement très mal gérer un congé maternité, alors un congé maladie de longue durée ou avec des mi-temps thérapeutiques, c'est encore une autre histoire ! Je tire de tout cela plusieurs leçons : le fait d'en parler ou pas est un choix éminemment personnel que l'entreprise doit respecter. La seconde chose est la capacité de l'entreprise à adoucir le quotidien du malade. On cite souvent avec distance la discrimination positive. Eh bien, voila un contexte où la discrimination positive peut être opportune. L'entreprise pourrait s'efforcer d'adoucir la vie de l'employé qui a fait le choix de travailler pendant son traitement, que ce soit à temps partiel ou à temps plein. Ces actions pourraient être construites dans le cadre de programmes d'accompagnement qui restent complètement à inventer aujourd'hui. Enfin, l'entreprise doit apprendre à organiser positivement les congés de maternité en développant une logique d'intérim, sans imposer à la femme de redémarrer de zéro – ou presque – à son retour ; il

1. Sources : lesdonnees.e-cancer.fr

serait aussi utile de préserver les fonctions et les espaces de travail des salariés malades. J'imagine même que ces trois critères (respect du choix du salarié, intérim pendant son arrêt, accompagnement et organisation pendant son absence) définiront d'ici à 2020 l'entreprise de qualité ou « l'employeur de choix » – un thème à la mode qui fait déjà l'objet de moult sondages dans le monde du travail depuis quelques années maintenant.

Aujourd'hui, il me paraît important d'en parler pour faire bénéficier les personnes concernées de ce témoignage. Pour qu'elles ne ressentent pas la solitude que j'ai connue au moment de la découverte de la maladie. Nous ne sommes pas seuls, le cancer touche tant de monde. N'ayons pas peur ! C'est une des phrases qui a sans doute le plus marqué le pontificat de Jean-Paul II. C'est une phrase qui a beaucoup de sens pour ceux qui ont eu un cancer.

Aujourd'hui, il me paraît important d'en parler pour que notre société dans son ensemble accepte les personnes en rémission et les considère comme des individus ayant une espérance de vie et donc une capacité d'emprunt similaires aux autres. De nos jours, est-il normal que quelqu'un qui a eu une arthroscopie du genou, dix ans avant de contracter un emprunt pour sa résidence principale, se voie affublé d'une assurance qui ne couvre pas toutes les pathologies liées à la jambe ? Est-il normal que des personnes en rémission de leur cancer cinq à dix ans après leur traitement se voient refuser le droit d'emprunter pour financer un nouveau projet de vie ?

Néanmoins, j'ai eu la chance de pouvoir construire un nouveau projet avec mon mari et nos deux enfants : l'achat d'une maison. Certes, les examens médicaux associés relèvent du marathon, les formulaires à produire sont dignes des procédures de la SDN (Société des nations) décrites dans *Belle du seigneur* d'Albert Cohen. Mais les assurances m'ont donné l'opportunité de concrétiser un projet cher à ma famille et de me projeter dans l'avenir. Il faut savoir que les montants d'assurance sont élevés (cinq fois supérieurs à ceux de mon mari) pendant les cinq premières années de l'emprunt et se préparer à lancer de telles démarches après deux ans au moins de rémission.

Aujourd'hui, il me paraît important d'en parler car notre mode de vie, notre alimentation, le souci de productivité à l'extrême provoquent des maladies qui n'existaient pas ou peu il y a quelques siècles. Le développement de l'obésité présente une croissance alarmante, nos sociétés occidentales génèrent au moins six fois plus de cancers que l'Asie. Ces éléments sont un avertissement terrible sur notre capacité à préserver notre planète et notre santé, alors qu'il existe de nombreux moyens de pallier partiellement ces maladies, en traitant une partie des causes de façon préventive et à moindre coût.

Le cancer sera ce que nous voudrons en faire. La maladie des lépreux d'aujourd'hui, condamnés à résidence, à une demi-vie. Ou bien une maladie comme une autre, qui n'anéantit aucun espoir d'avenir pour ceux qui en sortent victorieux. N'ayons pas peur !

Rémission ou guérison

Aujourd'hui, je suis guérie. Ou presque. D'ailleurs, quand on a eu un cancer, c'est comme lorsque l'on a fumé. Quand c'est fini, vous devenez ex-fumeur, vous ne pouvez plus devenir non fumeur. Un cancéreux n'est pas guéri, il est en rémission. Quel mot horrible !

Aujourd'hui, j'ai ce traitement d'hormonothérapie que j'abhorre, qui change mon corps et m'empêche de bénéficier de mon statut de femme en pleine fleur de l'âge. C'est l'étape du traitement dont on parle peu sur les sites internet ou dans les livres. Les personnes atteintes de cancers hormonosensibles voient les risques de récidive divisés par deux avec l'hormonothérapie, qui consiste à prendre un cachet par jour pendant cinq à dix ans. D'aucuns considèrent cette étape acceptable, facile, en comparaison des traitements précédents. Mais, pour les femmes jeunes, non ménopausées, elle peut se révéler particulièrement déclicate… Préférez-vous avoir un enfant et être malade ou ne plus enfanter mais être guérie ? Quelles drôles de questions ! « Non, madame, on ne peut rien faire, le Tamoxifène bloque vos hormones femelles. Vous prenez donc du ventre comme les hommes, votre voix devient plus grave. Mais bon, vous avez de la chance, certaines femmes ont un système pileux qui se développe aussi comme celui des hommes. Non, madame, vous ne pouvez rien faire, mais lorsque vous arrêterez le traitement, vous serez en vraie ménopause, alors à quelques années près, ce n'est pas très grave. Et puis, vous avez deux enfants, c'est déjà une chance. Bon, votre libido sera au plus bas, mais ça va aller… »

Je vais donc chercher. Je vais trouver des voies dans lesquelles les médecins ne peuvent pas m'amener. Je refuse la prise de poids, je refuse ce ventre bedonnant d'homme, je refuse de ne plus avoir de libido, je refuse de m'avouer vaincue par la maladie. Je revendique mon droit d'être femme, mère, épouse et amante.

Réconfort et renaissance

Avril 2012. Mes cinq sœurs me font le plus beau des cadeaux : partir à six ensemble, ce que nous n'avions jamais fait, aux Canaries. Hommage à notre amour fraternel, pied de nez au cancer et à notre passé, nous partons au soleil ! Notre avion nous acheminera vers ce havre de paix et de reconstruction. Nous devions initialement partir à cinq depuis Bruxelles, la patrie d'Estelle depuis cinq ans. Nous nous retrouvons chez elle dans son joli appartement la veille au soir, pour faciliter le départ aux aurores, le lendemain à 5 heures du matin. Surprise ! Marie sera là, elle aussi. Elle partira avec nous alors que cela n'était pas évident pour elle qui venait de démarrer en tant que sage-femme à la Conception à Marseille. Cocon familial, soleil, repos, sérénité m'aident à renouer progressivement avec mon corps malmené par les traitements ; la parole et l'échange m'aident à accepter mes cheveux courts et bouclés auxquels je peine à m'habituer. Beau moment d'intimité partagé et de complicité jamais perdue mais toujours renouvelée.

Deux ans

J'ai attendu deux ans avant d'avoir le courage d'écrire, de témoigner de cette expérience. Deux ans pour assumer pleinement cette maladie, pour accepter d'en parler, pour me projeter en bonne santé dans le regard de l'autre, pour résister à ces réactions de pitié, de commisération, pour véhiculer l'espoir de vivre et pour imaginer être présente comme grand-mère auprès de mes futurs petits-enfants, après en avoir douté à nouveau pendant toute cette période.

Le cancer est une expérience de vie, et c'est avant tout une véritable leçon d'humilité. Nous sommes mortels et nous avons une tendance bien naturelle à l'oublier, ou au moins à l'évacuer.

Parce que notre société a peur d'aborder ce sujet, parce qu'elle prône dans tous les médias la jeunesse, la santé et la beauté. Jusqu'à la fin du XXe siècle, le cancer était, dans l'inconscient collectif, une maladie honteuse, que l'on n'osait même pas citer. Pendant longtemps, les quotidiens et revues people annonçaient et annoncent toujours pudiquement que telle star est décédée d'une grave maladie ou d'une longue maladie, sans jamais mentionner le mot fatidique (même si le sujet est moins tabou ou peut du moins être cité). Parce que nous avons peur de souffrir et peur de la mort.

Il est intéressant de voir aujourd'hui que des changements infimes s'opèrent et que le terme « cancer » se substitue progressivement à ceux de « grave maladie ». Ce sont les séries télé qui parlent de l'au-delà (*Ghost Whisperer*, *True Blood*) ou qui traitent du marché des pompes funèbres avec humour et ironie (*Six Feet Under*). Ce sont encore les poupées à l'effigie de morts vivants que les petites filles réclament à cor et à cri à leur maman (les poupées Monster High). Le cancer devient même un sujet de plus en plus traité dans les ouvrages, émissions et films. Cela contribue globalement à sensibiliser et éduquer, voire à dédramatiser la maladie, qui est en passe de devenir « la maladie du XXIe siècle ». Pour autant, cette banalisation représente un réel danger, celui de penser que c'est une maladie bénigne ! Au-delà du diagnostic et des traitements médicaux, le cancer questionne notre mode de vie, notre alimentation, le soin que nous prenons – ou pas – de nous-mêmes et de notre planète. Il est probable que notre société de consommation soit un terreau favorable au développement de ce fléau. Nos industries en quête de productivité et de croissance extensives utilisent polluants, pesticides et techniques d'élevage qui certes génèrent du volume mais à quel prix ? Au prix de notre santé. Une alimentation saine nous permettrait de mieux digérer et de consacrer une part moins importante d'énergie à nos défenses immunitaires.

Notre société qui court après le temps sanctifie l'hyperactivité et la simultanéité. À l'ère de la convergence des secteurs télécoms, IT, banque, distribution, nous « convergeons » aussi dans notre comportement. Qui n'écrit pas des SMS ou des e-mails en réunion ? Qui ne regarde pas son journal sur sa tablette pendant le petit déjeuner avec les enfants ? À force de vouloir aller trop vite et de faire trop de choses en même temps, le risque est de nous perdre nous-mêmes et de perdre le sens de notre vie. A minima, on oublie de s'écouter, d'écouter son corps, sa fatigue et l'on ne repère pas les signes annonciateurs de la maladie.

Je n'ai pas la solution. Comme vous, je fais partie de cette société. J'ai la passion de mon métier qui me rend aussi hyperactive que les autres, voire plus. J'ai aussi tendance à ne pas prendre assez de temps pour moi, pour mon mari et mes enfants. En tout cas, je me suis fixé aujourd'hui une feuille de route. J'ai adapté notre quotidien pour y ménager des moments de paix, d'harmonie et de silence : du temps pour ne rien dire ou ne rien faire. Du temps pour méditer. Du temps pour regarder et écouter l'autre. Je ne sais pas si cela permettra, à moi ou à mes proches, de vaincre la maladie. J'essaie en tout cas de mettre en place les conditions pour que ma fille ne soit pas la cinquième génération de cancers de la famille. Qu'elle soit en bonne santé et qu'elle vive pleinement sa vie, sans avoir à subir le calvaire d'une maladie dont je me serais bien passée.

Prélude d'une nouvelle histoire ?

14 septembre 2012. Dix-huit ans précisément que Maman nous a quittés. C'est un moment triste et beau à la fois. Nous avons un rendez-vous. Le plus beau des rendez-vous. Celui de l'espoir, de la vie qui suit son cours, malgré les embûches et les pièges. Nous nous retrouvons à vingt. Sept survivants, cinq pièces rapportées, huit fruits de l'amour. C'est Estelle qui est maîtresse de cérémonie. Elle a organisé d'une main de maître et dans une discrétion infinie ce beau week-end, sous le ciel de Bruxelles. Elle, qui a toujours eu tant de peine à exprimer ses sentiments, elle, hypersensible et au cœur immense, a monté de toutes pièces ce concept nouveau et unique d'un week-end familial dans un hôtel luxueux belge. Estelle a mis ses grandes qualités d'organisatrice au service de la famille et a vu les choses en grand. Au-delà de ce superbe moment de symphonie familiale, Estelle a su agrémenter les repas et les instants de vie de ce week-end de manière magistrale. Et puis, elle nous a offert un bel exemple de méditation et de prise de recul. Elle nous a donné une superbe leçon de vie. Dans le livre de photos qu'elle a préparé pendant six semaines, elle a laissé paraître son émotion devant nous tous pour la première fois de sa vie : dix-huit ans

sans examens, dix-huit ans de bonheur, dix-huit ans de construction familiale, de mariages, d'enfants, d'études réussies et de vocations concrétisées, d'événements spirituels ponctuant les moments-clés de nos vies. Notre famille a souffert. J'ai souffert. Estelle nous a aussi délivré dans une douce simplicité et dans une émotion indicible un immense message d'espoir de vie et un sentiment de fierté pour le chemin parcouru. Nous avons construit de belles choses, il reste un chemin tellement riche à parcourir. Donnons-nous les moyens d'y arriver. Merci Estelle.

Ce témoignage me permet aujourd'hui de renouer avec un goût infini pour l'écriture qui s'est toujours fait l'écho de ma boulimie de lecture, alimentée par ce don de *teaser*[1] de ma mère. Ce témoignage est une goutte d'eau dans l'océan de solitude que nous devons traverser avec cette maladie. J'espère qu'il sera un baume au cœur et aux plaies de celles et ceux qui l'auront lu. Chaque histoire est belle. Chaque choix est beau, car il permet d'avancer. Il n'y a pas de solution unique. Juste une fureur de vivre, propre à l'être humain !

« Dans vingt ans, tu seras plus déçu par les choses que tu n'as pas faites que par celles que tu auras faites. Alors, sors des sentiers battus. Mets les voiles. Explore. Rêve. Découvre[2]. »

1. De l'anglais : qui titille, qui stimule.
2. Citation attribuée à Mark Twain.

II

Madeleine

Mars 2011 – septembre 2012

« Espérer, c'est être heureux. »

ALAIN,
Propos sur le bonheur, 1928

« Il y a l'espérance qui est la plus forte ! [...]
Il y a la joie qui est la plus forte !
Il y a l'amour qui est le plus fort ! »

Paul CLAUDEL
Jeanne d'Arc au bûcher, 1939

À Romain, Camille et Juliette

Tsunami

365 000. C'est le nombre de cancers déclarés par an en France. Je l'avais lu dans un article du *Monde* sur les maladies chroniques.

Ce chiffre m'avait interpellée quelques instants. 365 000, c'est près de la moitié d'une génération. Je me suis demandé pourquoi je connaissais si peu de gens autour de moi atteints d'un cancer, dans ma sphère familiale et professionnelle. J'avais l'intuition que c'était une anomalie statistique. Et puis je suis passée à autre chose. Rapidement.

Un mois après, je découvrais que j'avais un lymphome.

Tremblement de terre

13 mars 2011. Ce jour-là, je me décide à aller regarder sur Wikipédia ce que peut bien être ce gros ganglion au-dessus de ma clavicule gauche, que je sens depuis une semaine. J'ai l'intuition qu'il m'arrive quelque chose de grave, j'ai attendu quelques jours avant de savoir, pour profiter d'une insouciance que je pressens ne plus jamais pouvoir connaître.

J'avais remarqué ce ganglion le week-end précédent. Nous étions dans notre maison de campagne, nous dînions avec ma mère. J'ai ressenti une impression étrange dans le thorax, une impression totalement nouvelle, comme la présence d'une masse. Mécaniquement, j'ai tâté un peu partout et là, j'ai senti un ganglion de deux à trois centimètres de largeur. Je n'ai pas compris sur le moment. Je me suis juste dit que c'était « étrange ». Je n'en ai parlé à personne.

Puis j'entame ma semaine, comme toujours très remplie. Cela ne me laisse pas beaucoup de temps pour penser à mon ganglion. Je dois avancer sur un gros dossier pour un client, que je dois rencontrer le jeudi. Au début, je me dis que le ganglion disparaîtra de lui-même, que c'est sans doute lié à ces douleurs musculaires que je ressens depuis un mois, à cause de l'ordinateur et des dossiers de quelques kilos que je rapporte à bout de bras, tous les soirs, chez moi. Lors du rendez-vous avec mon client, dans le bar d'un grand hôtel parisien, je mets un foulard pour cacher cette masse, comme si j'en avais honte.

Le vendredi, le 11 mars 2011, la côte de Sendai au Japon est ravagée par un tsunami. Un de mes jeunes collaborateurs vient me voir ce matin-là, désespéré parce qu'un de ses très proches amis se trouve là-bas. En essayant de le réconforter, de le rassurer, je sens confusément en moi-même que je suis en train de vivre un drame qui ne dit pas encore son nom. Je ne parviens pas à être entièrement là, avec lui, alors que la situation l'exige. Je suis ailleurs, nimbée d'une angoisse qui monte chaque jour un peu plus.

Le week-end suivant, nous retournons à la campagne, avec des cousins, Boris et Émilie. Le ganglion est encore là. Je décide de passer un dernier moment dans l'insouciance, je me promets d'aller me renseigner sur Internet en rentrant. J'ai l'intuition qu'après rien ne sera plus comme avant. Je taille mes rosiers ce week-end-là. Dont un rosier blanc grimpant, que ma mère m'a offert pour la naissance de ma première fille, Camille. Ce faisant, je me dis que, peut-être, je ne les verrai pas en fleur cette année. Que je serai partie avant.

Je les ai à nouveau taillés cette année et j'ai eu un sentiment d'éternité. Parce que j'étais encore là. Parce que je les avais vus fleurir deux fois, en juin et en septembre. Et parce que j'aurai sans doute la chance de pouvoir les tailler chaque année à la même période.

Le dimanche soir, le 13 mars, je vais regarder sur Internet, seule, une fois mon mari couché, comme gênée par ce qui m'arrive. Je ne veux surtout pas l'alerter, lui faire peur. Google, Wikipédia, quelques forums. Au départ, je tâtonne sur les mots : « ganglion dans le cou à gauche », « à la base du cou »... Puis ma recherche s'affine : « ganglion au-dessus de la clavicule à gauche ». C'est si facile et si douloureux. La vérité me crie son nom. Le ganglion au-dessus de la clavicule à gauche s'appelle le « ganglion de Troisier », « il est souvent le signe d'un cancer avancé de l'intestin ou de la rate ». Je reste près d'une demi-heure face à mon écran d'ordinateur.

Je suis seule alors, désespérément seule. Je ne regarderai quasiment plus jamais Internet par la suite. Les informations y sont souvent datées et imprécises, elles font souvent envisager le pire, à tort. Mais pour cette première recherche salutaire, je sais que j'ai raison de le faire. Malgré l'angoisse que je ressens à aller fouiller les pages du Web, à aller voir la vérité, j'y vais vite. Le lymphome dont je suis atteinte est un cancer à développement rapide. Les tumeurs peuvent doubler de volume tous les quinze jours. Et, comme pour tout cancer, plus il est pris tôt, meilleures sont les chances de guérison.

Ce soir-là, je lis sur un forum le témoignage d'une jeune femme qui explique qu'elle a un ganglion sus-claviculaire à gauche depuis plus d'un mois, qu'elle sait que cela peut être très grave, mais qu'elle n'ose pas aller chez le médecin de peur de découvrir qu'elle a un cancer. C'est pour éviter ce genre de comportement autodestructeur que le cancer doit être dédramatisé dans l'opinion publique. On ne meurt pas systématiquement du cancer. La médecine a fait, et continue de faire, des progrès considérables.

Chemin de croix

Lundi 14 mars 2011. En vingt-quatre heures, ma vie a basculé littéralement. Je me lève abasourdie, vidée de toute vie, de toute sensation, de tout sentiment, je ne ressens plus rien. Quelques semaines avant, j'avais pris rendez-vous chez le médecin pour le début de cet après-midi, et pour une tout autre raison… Quelle coïncidence ! Quand j'explique à mon médecin que j'ai un ganglion au-dessus de la clavicule, à gauche, il se lève de sa chaise, blême. L'inquiétude peut se lire sur son visage. Je lui raconte ce que j'ai vu sur Internet. Il ne me contredit pas. Il me prescrit une batterie de tests : scanner, analyses de sang, biopsie, en m'indiquant tous les centres qui peuvent me recevoir dans les meilleurs délais.

Je n'ai jamais été malade de ma vie, je me sens à la fois désemparée et déterminée à mener ces tests le plus rapidement possible.

Je continue à travailler ce jour-là. Tout l'après-midi, j'alterne coups de fil professionnels, réunions, appels aux centres médicaux pour obtenir des rendez-vous dès le lendemain, et appel à la pharmacie pour être sûre de récupérer le liquide nécessaire pour le scanner… C'est une journée folle, en complet déséquilibre. D'un côté, la vie professionnelle et toute la pression qu'elle charrie. De l'autre, l'angoisse métaphysique de la maladie et de la mort. Un de mes clients est à l'autre bout du monde, en Guyane ; je dois lui envoyer des documents importants. Il capte très mal, il me rappelle tous les quarts d'heure, énervé, pour discuter du document en question. Entre deux appels, j'essaie de prendre des rendez-vous médicaux. J'avais toujours été « sur-stressée » par le travail et par ce client en particulier, mais là, l'angoisse de la mort annihilait tout stress superflu, c'était moi qui étais à l'autre bout du monde.

Rendez-vous pris, j'appelle mon mari. Il est en réunion. J'insiste fortement pour lui parler quand même. Je dois avoir une voix blanche, parce qu'il me demande gaiement : « Tu es enceinte ? » Non, je ne suis malheureusement pas enceinte, j'ai un ganglion « pas terrible » qui me fait craindre le pire. C'est la première personne à qui je l'annonce. Pendant une semaine, nous gardons ce secret pour nous deux. Au départ, Romain n'a pas cru qu'il pouvait m'arriver quelque chose de grave. Et puis il m'a vu pleurer, chose rare. Alors il a eu peur lui aussi. Mais il ne m'en a rien montré. Il n'a pas beaucoup parlé durant cette semaine. Il a juste été là, à mes côtés, pour me réconforter, m'apportant ce soutien dont j'avais tant besoin.

Pendant le reste de la journée, j'ai peur, terriblement peur. Peur de la mort, bien sûr, peur de la maladie et du dépérissement. Je repense à toutes ces personnes jeunes parties trop tôt d'un cancer : Xavier, la mère d'Ariel (une amie américaine), la mère de Sébastien (un petit garçon qui était avec moi à l'école primaire)… Ce que je ne sais pas encore, et que je vais apprendre au fur et à mesure, c'est qu'il y a d'autres personnes de mon entourage qui ont eu un cancer, et qui ont guéri. Le soir, c'est un sentiment de révolte et d'impuissance qui m'envahit, pour mes filles, Camille, qui a alors 2 ans et demi, et Juliette, 9 mois. Elles risquent de perdre leur mère, sans l'avoir vraiment connue. Pour mon mari, que je crains de laisser trop tôt.

Avant d'aller se coucher, Camille me tend un livre, *Petit Ours brun et sa maman*. Je n'ai pas la force de le lire, je le lui rends, je lui demande d'en choisir un autre. Puis je me blottis contre mon mari. J'étouffe une larme dans le creux de son épaule. Je lui dis que j'ai terriblement peur, il me serre dans ses bras de toutes ses forces et de tout son amour.

Mardi 15 mars 2011. Après une première réunion le matin à mon bureau, je me rends à l'hôpital pour le scanner. L'attente me semble interminable. Je ne suis plus angoissée, j'ai dépassé ce stade, je suis tétanisée, choquée. Je passe sous le scanner, ce gros tube, que je n'avais vu que dans des films.

Le radiologue vient me voir dans la petite pièce où j'attends seule, et d'une voie chaude et rassurante, il m'annonce que c'est une maladie ganglionnaire, un lymphome sans doute. Je n'y connais rien. Je sais simplement qu'une de mes tantes, la sœur aînée de ma mère, est morte d'un lymphome fulgurant il y a près de vingt ans. Que ses poumons étaient touchés. Alors je demande au radiologue d'une voix mécanique : « C'est un cancer du poumon ? »

Il me regarde, étonné : « Non, ce n'est pas une maladie "à métastases", le pronostic est en général bon pour ce type de cancer. Tout dépend de sa nature. »

Mon mari m'attend à la sortie de la salle. Je le prends à part, je chuchote, je ne comprends pas très bien ce qui m'arrive, je lui répète machinalement ce que le radiologue m'a dit : « lymphome », « pas de métastase », « pronostic en général bon ». Il fait un temps radieux ce jour-là, avec la lumière chaude et douce des premiers jours de printemps. Nous allons déjeuner en terrasse. C'est comme un premier renouveau. Je sens la vie revenir en moi. Je ne vais pas mourir dans les trois semaines. J'ai encore le droit de vivre. Et c'est tout ce qui m'importe alors.

Petit à petit, au cours de la journée, je réapprends à savourer la vie. Comme jamais je ne l'avais fait. L'après-midi, je vais faire une biopsie (un prélèvement ganglionnaire) dans le 5e arrondissement de Paris, je rentre en taxi. Peu à peu, je prends conscience que je suis en vie et qu'être en vie est ce que l'on a de plus précieux. Je suis heureuse de pouvoir regarder les rues de Paris par la vitre du taxi, de voir Notre-Dame, les quais de la Seine… Je commence à comprendre la valeur des sensations et la valeur d'être là, présente au monde, tout simplement. Je regarde les gens passer dans la rue, je me dis qu'ils ont tellement de chance d'être là, de pouvoir respirer et de pouvoir vivre dans une forme d'insouciance. Dans un film de Cédric Klapisch, *Paris*, Romain Duris joue le rôle d'un jeune homme, malade du cœur, qui doit subir une transplantation. À la fin du film, il est appelé par l'hôpital pour venir se faire opérer. Une greffe est prête pour lui. Il part en taxi. Il ne sait pas s'il ressortira vivant de l'opération. La caméra filme tout ce qu'il embrasse du regard dans ce qui sera peut-être sa dernière traversée de Paris. Les gens dans la rue. Il les regarde rire, se disputer, téléphoner, faire du vélo. Il les regarde vivre, tout simplement.

Haka

Se préparer avec les autres

Le samedi après-midi, je téléphone à Antoine, mon grand frère – le cadet –, sur Skype (il habite à New York). Son visage souriant apparaît à l'écran : « Ça va, ma belle ? » Un silence. « Antoine, je suis malade, j'ai sans doute un lymphome. » Ses yeux, toujours rieurs d'habitude, s'assombrissent.

Nous avons vécu ensemble, côte à côte, la mort de notre père. Antoine avait 13 ans, j'en avais 10. Papa s'est effondré sous nos yeux. Il est mort quelques minutes plus tard, d'un infarctus. Depuis ce jour, nous avons toujours veillé à faire de nos relations d'heureux instants. Cette conversation nous replonge dans le moment le plus dramatique de notre vie, où la mort avait fait irruption, tôt, beaucoup trop tôt.

Alors, Antoine me dit : « Tu verras, ma belle, dans un an, nous nous promènerons dans la forêt et tout cela ne sera qu'un mauvais souvenir. » Ces mots portent toute l'espérance dont j'ai besoin à ce moment-là. Je me projette à nouveau dans l'avenir, je me vois vivre encore un an.

Les jours précédents, je n'avais pensé qu'à mon passé, je n'avais pensé qu'à cette vie qui me semblait trop courte pour devoir finir ainsi.

Le lendemain, Antoine me rappelle. Nous sommes en route vers la Suisse avec Romain, mon mari, et les filles. Nous traversons le Jura. Le ciel est bleu et pur. Nous avons besoin de nous parler, de nous rapprocher. Antoine me dit que non, il ne peut pas croire que cela ne se finisse pas bien. Non, ce n'est pas possible, et je me battrai contre, nous allons nous battre ensemble. Il me dit que la mère de son ami a guéri d'un cancer du sein et d'une récidive. Qu'elle est encore là et que tout va bien. Je commence à comprendre que je suis loin d'être un cas isolé.

Le lendemain, je l'annonce à François, mon frère aîné. Nous sommes arrivés en Suisse. Je l'appelle. J'ai peur de lui en parler. Après quelques secondes de silence, il m'explique de manière très rationnelle que le cancer se guérit bien maintenant. Il a raison. On ne le dit jamais assez.

Mes deux frères, à leur manière, m'ont aidée à regagner confiance en moi. Ils ont porté une espérance pour moi et avec moi. Combien j'ai apprécié le constant espoir de ma famille et de mes amis par rapport aux propos catastrophés de certains qui m'enterraient déjà !

Le mardi suivant, j'apprends les résultats de la première biopsie par mon médecin généraliste. Il a l'air soulagé. Il m'explique que c'est un lymphome hodgkinien, le « meilleur des lymphomes », le moins nocif. Il est visiblement heureux.

Je téléphone à ma meilleure amie, Héloïse, en rentrant de Suisse. Nous sommes sur la route avec Romain et les filles. Elle revient aussi des sports d'hiver. Je lui dis qu'il m'arrive « un truc pas drôle ». Belle litote ! Oui, c'est un truc ; et je ne sais pas très bien ce qui m'arrive. À travers cette expression, je crois que je veux surtout ne pas dramatiser, ne pas lui faire peur. Nous sommes amies depuis si longtemps, nous sommes si indispensables l'une à l'autre…

Le lendemain, je parle « enfin » de mon cancer à ma mère. Avant de le lui dire, j'ai laissé passer deux semaines. Je voulais le lui annoncer de vive voix. Quand mon père est mort, ma mère avait 47 ans. Elle s'est retrouvée jeune veuve. Je ne veux surtout pas lui faire encore de la peine, qu'elle se projette à nouveau dans la perte d'un être cher. Elle était venue déjeuner à la maison le dimanche, et devait aller voir mon grand frère après. Je savais qu'elle ne serait pas seule le reste de l'après-midi. Je lui ai dit, comme à Héloïse, qu'il m'arrivait un « truc pas drôle », que j'avais un lymphome, « le meilleur des lymphomes », et que les chances de guérison étaient très bonnes. Elle était émue, mais elle n'a rien montré de son inquiétude. Cette force m'a fait du bien. Notre déjeuner fut très gai. Je lui ai raconté notre voyage en Suisse, notre passage par le Jura… Elle est restée sereine pendant tout ce temps, nous avions trouvé dans notre espérance commune l'envie de goûter les joies de la vie, malgré ce choc de la maladie. Aujourd'hui, j'imagine à quel point ma mère a dû lutter pour trouver le courage de ne pas montrer son inquiétude (elle qui s'inquiète d'ordinaire si facilement !).

Dès le lundi suivant, ma mère et Héloïse sont avec moi, à l'hôpital, pour passer les premiers examens (scanner et prises de sang). J'ai toujours été étonnée par la capacité d'Héloïse à changer ses projets à la dernière minute (même avec ses trois enfants) pour aller voir des amies qui en ont besoin. J'ai toujours été impressionnée qu'elle aille visiter des enfants malades du cancer. De la même manière, j'ai toujours été touchée par la générosité de Maman, par exemple quand elle propose de traverser tout Paris pour rendre service à ses enfants.

Pendant les quelques mois de la chimio, elles vont se surpasser toutes les deux.

Petit à petit, la nouvelle se répand. Je ne veux pas cacher ma maladie, je n'en ai pas honte. J'« autorise » mes proches à l'évoquer autour d'eux.

Je le dis à une dizaine de mes collègues les plus proches. Parce que je sais que je vais m'absenter pendant un certain temps après. Mon patron, E., en est le premier averti. Nous avons toujours été transparents l'un vis-à-vis de l'autre et je veux maintenir cette relation. Il me soutiendra tout le temps de la maladie avec délicatesse (en m'envoyant toujours des SMS les jours où tomberont des résultats importants). Il organisera même mon retour pour assurer une transition en douceur. Je ressens le besoin d'informer les personnes avec qui j'ai une activité régulière, collaborateurs et clients, parce que je ne veux pas m'encombrer l'esprit avec les éventuels préjudices de mon état de santé sur les dossiers que j'ai en charge. J'ai besoin d'en parler aux personnes dont je me sens proche : Reine, qui me recommande un acupuncteur pendant ma chimio (je ne la remercierai jamais assez pour ses conseils – et je n'anticipe alors pas que c'est le prélude d'un long dialogue !); P., qui me prend un long moment dans ses bras pour me réconforter. Je pose juste une limite aux quelques collègues à qui je me confie : rester discrets avec les plus jeunes collaborateurs et les clients.

Dans les jours qui suivent, les messages d'encouragement affluent. Par téléphone, que ce soit de vive voix ou par SMS, par mail… Ils viennent des ami(e)s, de mes belles-sœurs, des cousins et cousines, de ma marraine, de mon parrain, de la famille de mon mari. Des petits messages brefs, juste pour dire qu'ils pensent à moi. L'un des premiers à m'envoyer un SMS est le mari de ma marraine, qui est comme un second père pour moi. Quelques semaines après, lors d'un déjeuner de famille, il me dit cette phrase : « Tu sais Madeleine, les gens qui ont, comme toi, dû envisager de mourir jeunes, ont ensuite un goût du bonheur inaltérable. » Il avait l'art de dire la vérité, de parler de la mort avec délicatesse et il avait le sens de la formule. « Le goût du bonheur » restera pour moi l'une de ses grandes expressions. Ma grande sœur me confie, dès les premiers jours, aux prières d'une communauté religieuse dont elle est proche. J'ai été élevée dans la foi, et j'ai la chance de croire à la force de la prière. À sa façon, et de manière juste, elle a su combattre à mes côtés.

Quand j'avais 15 ans, j'ai dû faire un régime drastique (j'avais alors plus de dix kilos à perdre). Ma mère avait trouvé une formule à laquelle j'ai souvent repensé pendant ma chimio. Elle me disait que nous partions en guerre contre les kilos. C'était elle avec moi, et pas uniquement moi, et c'était une guerre, avec ce que cela suppose de stratégie et de tactique. Je repense à cette formule parce que, finalement, c'est un autre grand combat que j'ai désormais à mener et je ne suis pas seule sur le champ de bataille.

Confiance en soi

En rentrant à Paris, je rencontre dès le lundi le professeur qui suivra ma chimio à l'hôpital Saint-Louis. Elle m'accueille en souriant. C'est une femme jeune, douce.

Je me sens tout de suite prise en charge par une pro. Le diagnostic des lymphomes, c'est son quotidien. Elle m'ausculte, regarde les résultats de mes premiers examens et me prescrit toute une batterie de nouveaux tests pour un « deuxième » diagnostic : analyses de sang, *PET scan*[1], biopsie.

C'est normal, me dis-je pour me rassurer, ils veulent mieux connaître la nature du lymphome pour affiner le protocole. Je me convaincs que c'est bien un lymphome hodgkinien[2], « le meilleur des lymphomes ».

Environ un mois après, j'ai de nouveau rendez-vous avec le professeur pour connaître le « second » diagnostic, le « vrai » ; je suis assez sereine. Mon mari m'accompagne. Et également un de ses oncles, Jean-François, médecin à l'hôpital Saint-Louis.

Elle nous déclare qu'il s'agit d'un lymphome « à grandes cellules de type B », très fréquent chez les femmes de mon âge. Je demande presque mécaniquement s'il s'agit bien d'un lymphome hodgkinien, comme pour me raccrocher à un espoir qui m'a portée ces dernières semaines. Non, c'est un LNH (lymphome non hodgkinien). Mon sang se glace.

Après m'avoir expliqué le protocole de traitement, le professeur lit son compte rendu dans le microphone en prononçant à deux reprises ces mots : « lymphome au stade IV », soit le stade le plus avancé du cancer,

1. Le *PET scan* – ou TEP en français pour « tomographie à émission de positons » – est un procédé d'imagerie médicale.

2. Les lymphomes sont des cancers du système lymphatique. Ils peuvent être de deux grands types : la maladie de Hodgkin et les lymphomes non hodgkiniens.

des micronodules au poumon ayant été révélés par le *PET scan*.

Je sors de la consultation tétanisée. Je sens dans la voix de mon mari et de son oncle une inquiétude certaine, qu'ils ont du mal à dissimuler cette fois.

Les termes « grandes cellules » et « stade IV » me plongent dans le noir. « Grandes cellules » : c'étaient les mots rapidement échangés avec ma mère, à propos du lymphome fulgurant qui avait emporté sa grande sœur en quelques mois. « Stade IV » : comment ne pas l'associer au « stade terminal » que l'on emploie pour les malades qui sont envoyés en soins palliatifs, quand il n'y a plus rien à faire.

Près de huit jours s'écoulent entre la découverte du second diagnostic (le 11 avril) et la première chimio (le 19 avril). Huit jours où j'alterne entre effroi et confiance. Je ne veux pas aller chercher sur Internet des précisions sur le « lymphome de type B », je me dis que je vais me faire peur inutilement. J'ose à peine ouvrir une brochure de l'association Lymphome Espoir, qui donne quelques statistiques sur le pronostic de guérison des lymphomes à grandes cellules.

Je ne veux pas aller regarder, car je me dis que je dois surtout me préparer au combat. Sans me laisser décourager.

Les premiers jours, toute envie de participer à la vie me quitte. J'ai peur. Seuls mon mari et son oncle sont au courant. Je n'ose dire ces mots, « grandes cellules », « stade IV » ni à ma mère ni à mes frères et sœurs. Je me replie sur moi-même.

Le jeudi de la même semaine, j'organise un dîner avec mes meilleures amies de lycée. C'est la première fois depuis près de dix ans que nous nous retrouvons.

Je les écoute raconter leur vie avec leurs enfants, leurs projets de vacances, leurs projets pour les deux ou trois ans à venir. J'ai envie de pleurer, moi qui me demande : « Dans quelques mois, est-ce que je serai encore là, est-ce que mes filles auront encore une mère ? » Je suis fatiguée. Je veux que ces conversations s'arrêtent. J'ai envie de les mettre à la porte, avec leurs projets, avec leur bonheur.

Et puis, au fur et à mesure que la semaine avance, je découvre que je ne suis pas un cas isolé. Que le cancer n'est pas toujours synonyme de mort. Que beaucoup de gens autour de moi ont eu un cancer. Et qu'ils s'en sont remis. Même mon arrière-grand-mère, qui avait eu un cancer du sein en… 1914, à 30 ans, est morte bien des années plus tard. Une de mes tantes aussi. Après un lymphome et une rechute, elle est encore parmi nous. Un proche ami de mon frère ; le cousin d'une de mes amies ; la femme d'un de mes cousins ; deux collègues… La liste est longue.

Pendant cette semaine, je suis en pleine lecture du livre du Dr Servan-Schreiber, *Anticancer*[1]. Il y raconte l'histoire d'un médecin qui découvre qu'il est atteint d'un cancer du pancréas. Les chances d'y survivre sont, à l'époque, en moyenne de quelques mois. En l'apprenant, il est totalement désemparé. Puis, peu à peu, il prend conscience qu'il fait partie d'une population à moindre risque, compte tenu de son âge et de ses antécédents. Il est du « bon côté de la courbe ». À lui de se battre, avec les médecins, de toutes ses forces. Il devrait pouvoir survivre encore quelques années ! Et c'est ce qui lui arrivera.

1. *Op. cit.*

En l'espace de dix jours, je parcours moi-même ce chemin. Puis, matin magique chez mon acupuncteur. C'est le 18 avril, la lumière est encore douce, les fleurs commencent à éclore. Je suis dans le cabinet, seule, avec mes petites aiguilles. La pièce donne sur un jardin plein de roses. Je suis bien, sereine. Je me dis alors que le taux de probabilité pour que je m'en sorte est forcément bon pour moi qui suis jeune, d'une constitution solide, soignée dans un des meilleurs hôpitaux pour les lymphomes. Qu'il faut que je me batte. Pour mes filles. Pour mon mari. Pour ma mère. Pour moi. C'est la force de l'évidence.

C'est un moment de grâce, qui me redonne l'espoir nécessaire pour reprendre des forces et l'envie de lutter.

Finalement, en commençant ma chimio, j'apprends que mon lymphome n'est pas au stade IV mais au stade II (où seuls quelques organes, au-dessus du thorax, sont touchés) et que le grade (qui détermine la virulence du cancer) est peu élevé.

Bien entendu, la confiance en soi et l'envie de lutter ne sont rien sans les traitements, là n'est pas mon propos, mais ils sont une composante de la guérison. Je reste étonnée que le professeur qui me suivait à Saint-Louis m'ait félicitée lors du rendez-vous qui clôturait ma chimiothérapie. Lorsque je la remerciai pour ce que son équipe avait fait, elle me répondit (suffisamment sérieusement pour que je la croie) que si le traitement avait bien fonctionné, c'était aussi parce que j'avais tenu bon, que je m'étais accrochée.

J'ai eu la chance d'être atteinte d'une forme de cancer qui se guérissait bien. J'ai eu la chance de le découvrir tôt. Je ne sais pas comment j'aurais réagi si les perspectives avaient été plus sombres. Je ne sais pas si j'aurais eu tant de force pour affronter la maladie. Je ne sais pas comment mes proches auraient réagi. Auraient-ils espéré alors qu'il n'y avait pas d'espoir ? M'auraient-ils, au contraire, accompagnée dans la mort ? Il n'y a pas de réponse exacte. Il y a autant de réponses que de situations. Je crois que si j'étais moi-même confrontée à la probable disparition d'un être très proche, j'essaierais de savoir, j'essaierais de comprendre ce qu'il attend de moi. Car on peut attendre des choses très différentes des uns et des autres. De la joie, de la douceur, de la compassion, du dialogue, du silence, de la prière, de la confiance…

Croisement

Jeudi 31 mars. Reine m'invite à prendre un verre à la fin de la journée, à la sortie du bureau, comme cela nous arrivait souvent de le faire. Je me dis qu'elle veut juste savoir comment je vais. Je lui avais annoncé que j'avais un cancer quinze jours avant. Et puis, au détour de la conversation, elle me dit : « Tu sais, moi aussi j'ai un cancer. » Je ne comprends pas tout de suite. Je lui fais répéter… Et là, je repense à ses multiples absences ces derniers mois. Je sens un poids se libérer de moi. Je ne suis pas seule. C'est incroyable. Nous deux, très proches collaboratrices, deux femmes, nous nous retrouvons toutes les deux, au même moment, dans cette galère.

Jusqu'à cet apéritif inoubliable, les personnes malades du cancer étaient pour moi encore assez lointaines. Parce que ces personnes étaient des malades, que je connaissais plus ou moins bien. Là, c'est une collègue, et de mon âge.

Puis je lui dis qu'elle a de la chance, qu'elle a conservé ses cheveux. Elle sourit. Pas du tout, me dit-elle. Je suis sans voix. Et je suis rassurée tout à la fois. Je me dis qu'on peut avoir une perruque sans que cela se voie. Et nous rions ensemble.

C'est le début d'un long dialogue, fait de beaucoup de rires et de quelques frissons, dialogue ininterrompu jusqu'à aujourd'hui : sur nos maladies respectives, sur ce qu'elles nous ont appris, sur nos découvertes pour diminuer les effets secondaires, pour prévenir les rechutes.

Avec ce livre, nous voulons raconter notre expérience et partager nos conseils. Il s'adresse à toutes les personnes atteintes d'un cancer et à celles qui les entourent. Pour témoigner que le cancer n'est pas toujours synonyme de mort et de larmes. Pour témoigner qu'être en réseau pour combattre un cancer est une des clés. Pour témoigner qu'il y a une multitude d'armes pour partir en guerre contre les effets secondaires de cette maladie.

De l'importance du réseau

Lorsqu'on apprend qu'on est malade, la première réaction est de vouloir rentrer dans son cocon, de rester avec sa famille et ses amis très proches.

Il est essentiel de s'ouvrir aussi, au-delà de son premier cercle, pour échanger avec des personnes qui ont traversé la même épreuve ou qui sont exposées de près ou de loin au cancer. Elles peuvent vous faire bénéficier de leurs conseils sur les endroits où se faire traiter. En sortant de mon scanner, dès que j'ai su qu'il s'agissait sans doute d'un lymphome, j'ai contacté le pédiatre de mes filles. Je savais qu'il connaissait tous les hôpitaux de Paris, qu'il saurait me conseiller le meilleur établissement. Sans hésitation, il m'a conseillé l'hôpital Saint-Louis, puis il s'est renseigné sur le professeur à aller voir. Pendant plusieurs jours, il m'a envoyé des SMS pour savoir si j'avais pu obtenir un rendez-vous rapidement.

Le choix du protocole est une autre clé de la guérison d'un cancer. Or les traitements évoluent très rapidement, grâce aux efforts financiers conséquents consentis pour la recherche contre le cancer ; sachant cela, je voulais donc mettre mon sort entre les mains de l'équipe qui saurait poser le meilleur diagnostic et qui serait au fait des traitements médicamenteux les plus efficaces. Heureusement en France, ce n'est pas réservé aux plus riches. Tout le monde, à partir du moment où il est aiguillé vers le bon hôpital, peut bénéficier d'excellents spécialistes. Ce n'est pas un réseau de privilégiés !

Outre les médecins qui peuvent vous orienter vers les centres spécialisés, il y a les personnes qui vous font profiter de leurs propres expériences et des différents moyens qui leur ont permis de diminuer les effets secondaires des traitements. Même si les réactions de chacun sont différentes, car elles dépendent de leur métabolisme et de leur protocole, il existe de nombreuses pratiques pour atténuer ces effets ; c'est important car, après le choc psychologique de la découverte de la maladie, voilà un autre aspect du cancer particulièrement difficile à vivre.

Reine m'a ainsi introduite à toutes ces pratiques : sans elle, je n'aurais jamais fait d'acupuncture, je n'aurais jamais rencontré la coiffeuse qui m'a permis de faire de ma tonte un moment tout à fait supportable.

Enfin, l'échange avec des personnes qui ont connu la même épreuve donne l'opportunité de prendre du recul sur la maladie, de la banaliser, d'en rire parfois, de s'apercevoir que le cancer est un fléau malheureusement fort répandu ; de prendre aussi de la distance par rapport à ses angoisses et à ses interrogations. C'est ce que nous avons fait avec Reine pendant de longs mois et que nous continuons à faire aujourd'hui. C'est ce que nous voulons vous faire partager ici.

La bataille

La chimiothérapie

« Chimio » : le mot est lâché. Une semaine après avoir découvert mon lymphome, le médecin me dit que j'aurai une chimio, sans doute à l'hôpital de jour. Je ne m'étais jamais intéressée de près à ce que pouvait être une chimio. Le monde hospitalier m'était très peu familier, à part un séjour de deux jours pour un abcès de la cornée, une ou deux visites à mon grand-père et les séjours à la maternité.

Et puis, lors d'un rendez-vous à l'hôpital, le médecin m'explique le protocole qui a été défini pour traiter mon cas. Un traitement par Mabthera ACVBP. Dans une première phase intensive, j'aurai quatre cures. Chaque cure se répartira en deux séances d'une demi-journée chacune (J 1 et J 5). Puis une pause pour permettre au corps de se remettre de ces doses « de cheval ». Enfin, si tout se passe bien, si les résultats du *PET scan* se révèlent négatifs, j'entamerai huit cures de consolidation, pour éviter les rechutes. Elle me dessine cela comme « un arbre de décision » : si A, alors B ; si B, alors C ; et si C, alors greffe de moelle osseuse, etc.

Tout va très vite. Je ne comprends pas tout. Je sais qu'il y aura un bilan important au bout de quatre cures mais je ne sais toujours pas à quoi ressemble une chimio. Est-ce un médicament à avaler ? Est-ce une injection ? Combien de temps dure chaque séance ?

Je rentre dans le service Coquelicot début mai pour ma première chimio, le service d'hôpital de jour de l'hématologie. À l'hôpital Saint-Louis, tous les services ont des noms de fleurs. Comme une infirmière me le fait un jour remarquer, ils ont eu la bonne idée de n'en nommer aucun Chrysanthème.

Le service Coquelicot est un long couloir avec une dizaine de chambres individuelles de quelques mètres carrés. Les murs sont peints en bleu, et non en rouge, comme son nom pourrait l'indiquer. Au centre de la pièce, un lit d'hôpital avec lequel on peut jouer pour prendre de la hauteur ou redresser son dossier. Une ou deux chaises posées contre le mur.

La chimio est une suite d'injections ; d'abord les anticorps, dans le cas des lymphomes, qui permettent de mieux cibler les cellules cancéreuses, puis les produits de chimiothérapie en tant que tels. Pour les cures J 1, près de cinq poches de produits différents sont injectées.

À la sortie des séances, je me sens comme un bibendum. Mon corps est à proprement parler rempli de produits chimiques. Mon mari reconnaît timidement que oui, le soir, après ces séances, mon visage est un peu bouffi. Il est poli…

Certains jours, ma chambre ressemble plus au dernier salon où l'on cause et la troupe qui vient me rendre visite (Héloïse, Jean-François, Maman, Romain) s'étend dans le couloir. Pendant que je m'assoupis, sous l'effet de l'Atarax, tout ce petit monde discute. La vie continue autour de moi.

La chimiothérapie est un traitement si efficace qu'elle détruit beaucoup de « bonnes cellules » sur son passage. Et particulièrement les cellules à reproduction rapide (les cellules des cheveux et des muqueuses). Après chaque cure, j'ai des mucites : des aphtes qui me mettent la bouche en feu et qui me font hurler de douleur dès que j'avale un aliment solide ou que je parle un peu trop longtemps.

Chaque crise dure environ six jours. Pendant ces six longs jours, je m'alimente de purées, de yaourts, de compotes. Comme ma fille d'un an, Juliette, qui me regarde parfois d'un air étonné… Les cellules de la bouche se détruisent et se reproduisent à un tel rythme que je peux sentir précisément quand elles commencent à disparaître ou, au contraire, quand elles se reforment. J'ai à ce moment-là l'impression de sentir les tissus se transformer.

Au mois de juillet, je commence à perdre mes ongles. Un à un. Les ongles des pieds, puis ceux des mains tombent. De manière symétrique. Les ongles des deux index d'abord, puis des majeurs… Ceux des pouces en dernier. Ils ont bruni tout d'un coup, en un week-end. Je ne les avais pas protégés (malgré les avertissements de Reine). Je ne savais pas que c'était un des effets secondaires possibles du traitement. Ça ne fait pas mal – des « pousses » d'ongles ont pu se reformer sous les ongles morts –, mais c'est très difficile à vivre. Les ongles sont extrêmement utiles dans la vie quotidienne. On pourrait écrire un éloge des ongles tant ils nous sont utiles !

C'est d'autant plus difficile pour une femme que de beaux ongles sont un signe de féminité. Et puis, la perte des ongles semble plus anodine à ceux qui vous entourent que la perte des cheveux, et attire, de ce fait, beaucoup moins l'attention. Je me suis sentie beaucoup plus seule en voyant mes ongles partir un à un qu'avec ma perruque !

Au mois d'août, mes doigts sont tous recouverts de sparadraps, et en septembre, j'ose exhiber mes pousses d'ongles vert-noir (les ongles poussent environ d'un demi-centimètre par mois). À cette époque-là, je recommence à travailler ; je me souviens du regard dégoûté d'un de mes collègues qui s'arrêtait sur mes ongles, comme s'il avait eu en face de lui une névrosée qui se les rongeait jusqu'à l'autoflagellation... Depuis, je suis devenue infiniment plus compréhensive à l'égard des personnes qui arborent des gants en plein mois d'août ou de celles dont les ongles paraissent étonnement courts, avec des nuances de vert et de noir...

Je me dis désormais que tout cela – la perte des cheveux, des ongles, les mucites et le reste – a un sens. Cela fait partie du combat. Ce sont des blessures de guerre.

La chimiothérapie réserve aussi de beaux moments. Oui, de beaux moments. En premier lieu, les bilans qui donnent de l'espoir. Pour le bilan (critique) du milieu du traitement, mon frère, Antoine, qui habite aux États-Unis, est revenu juste à ce moment-là pour que nous passions du temps ensemble.

C'est le bilan à partir duquel l'« arbre de décision », que l'hématologue m'avait dessiné lors du premier rendez-vous, commence à diverger. Si le *PET scan* se révèle négatif, si toutes les tumeurs ont disparu, je peux passer en phase de consolidation (un traitement préventif contre les rechutes). Si, en revanche, les résultats sont positifs, il faudra continuer le traitement intensif (alors que mon corps commence à fatiguer).

J'appelle, tremblante, le médecin le lendemain matin de mon *PET scan* : « rémission complète » ; ce qui signifie disparition totale des ganglions. En deux simples mots, de nouvelles et heureuses perspectives s'ouvrent à moi.

Quel immense bonheur de pouvoir répéter à ma famille ces deux mots de « rémission complète » ! Nous passons une semaine à la campagne avec ma mère, mon frère, mes filles et un de mes neveux, juste heureux de pouvoir goûter ensemble aux premiers jours de juin.

Les petits rituels avec les gens qui m'accompagnent resteront aussi des heureux moments de la chimiothérapie. Le déjeuner dans un café au bord du canal Saint-Martin avec Héloïse et Maman, par exemple. Ainsi que les moments inattendus, comme la sieste que nous improvisons avec Maman sur les pelouses ombragées de la vieille cour de l'hôpital Saint-Louis. Nous sommes mi-juillet. Je viens de finir une séance de chimiothérapie. Nous allons déjeuner au bord du canal Saint-Martin, puis nous revenons à l'hôpital pour prendre un taxi. Je suis, comme après toute séance, gonflée, fatiguée. Il fait chaud. Nous passons dans la vieille cour de l'hôpital (une cour qui date de la fondation de l'institution au XVIIe siècle). Des enfants jouent autour de nous. Je propose à Maman de nous installer sur l'herbe, qui nous tend les bras. Nous nous assoupissons, dans ce doux et joyeux brouhaha, à l'ombre des chênes centenaires. Ce fut l'une des siestes les plus délicieuses de ma vie.

Les mille autres médicaments

Avant de découvrir que j'étais atteinte d'un cancer, je n'allais voir le médecin qu'en cas d'extrême urgence. Pendant mes études, j'avais eu un abcès de la cornée. J'avais un mal atroce à un œil. Je n'avais pas le temps d'aller voir le médecin. J'avais du travail. Je me souviens avoir soutenu un exposé dans une salle de classe avec des néons. J'avais dû mettre des lunettes de soleil pour éviter la lumière. Ma mère avait appelé SOS Médecins pour moi le soir. Ils m'avaient envoyée directement aux urgences. Je risquais une greffe de la cornée.

Avec un cancer, on ne peut plus échapper aux médecins ! Il y a la chimio. Mais il y a aussi les quinze médicaments à prendre chaque jour pour éviter les effets secondaires. Lors de ma première séance de chimiothérapie, l'hématologue me donne une liasse de dix pages d'ordonnances. Il y a les médicaments à prendre pendant trois jours après la séance du J 1 (une dose le matin, une dose à midi et une dose le soir), les médicaments à prendre après le J 2, les médicaments à prendre en continu (une dose le matin et une dose le soir). Et les médicaments que l'on ajoute au fur et à mesure, à cause des mucites ou autres effets collatéraux. Le soir, je passe près d'une demi-heure à la pharmacie, face à une pharmacienne visiblement agacée par de si longues ordonnances… Pour partir en week-end, nos sacs sont remplis à 20 % de médicaments.

Il y a aussi les prises de sang à faire toutes les semaines et les injections de globules blancs tous les dix jours. J'ai appris à connaître tous les professionnels médicaux de mon arrondissement à Paris et du village où je vais en week-end : les laboratoires d'analyses, les pharmacies, les infirmières...

Depuis le début de ma maladie, j'ai enfin compris que les médicaments servent vraiment à quelque chose ! Ma mère a toujours été navrée de mon incapacité à me soigner moi-même ; elle peut être fière maintenant ! J'ai une armoire à pharmacie remplie.

La perte des cheveux

Je commence à perdre mes cheveux une ou deux semaines après les premières séances de chimiothérapie. Au départ, ce sont quelques cheveux éparpillés dans la baignoire. Puis des touffes qui partent avec la brosse. Je décide alors d'aller chez le coiffeur le plus rapidement possible. Pour ne plus voir des cheveux partout. Partout sur l'oreiller au réveil, sur mes pulls, sur mes vestes ; pour ne plus avoir peur que ma fille d'un an n'arrache une touffe en tirant dessus. Pour ne plus imposer tout cela à mon mari. Ces cheveux qui restent sans cesse derrière moi, c'est la maladie dans tout ce qu'elle comporte de plus triste, en me suivant comme une ombre.

Ma perruque est prête depuis plus de dix jours. J'emporte la petite boîte (dans laquelle elle est rangée aujourd'hui et où elle restera le plus longtemps possible désormais). Puis je retrouve Héloïse pour mon rendez-vous chez le coiffeur. J'ai choisi, sur les conseils de Reine, le salon de coiffure le plus agréable possible ! Karine, la coiffeuse, conduit l'opération avec une infinie douceur. Elle nous emmène, Héloïse et moi, dans un salon privé, très zen. Par sa délicatesse, Karine réussit à adoucir ce moment. De ce qui s'annonçait être un chemin de croix, elle sait faire un moment chaleureux, sans rien lui ôter de sa gravité.

C'est un moment solennel. Comme si je revêtais les habits de malade. Le cancer est une maladie qui ne se voit pas. Mais l'absence de cheveux (surtout chez une femme) en est le signe le plus fort.

Je suis debout devant une grande glace. Je vois mon crâne se dégarnir et s'éclaircir petit à petit. Je me fais peur sur le moment. J'ai l'impression d'être aussi abîmée que les femmes que l'on défigure avant qu'elles n'entrent en prison. Il ne me manque plus que la combinaison orange des prisonniers américains pour être un personnage de la série *Prison Break*.

Et puis je mets ma perruque. Elle me va bien. Je sors du salon privé ; les clientes me regardent comme si je sortais d'un soin de quelques heures. Compte tenu du regard un peu insistant de certaines d'entre elles, j'ose penser que ma coiffure est assez réussie !

Sans cheveux, je suis finalement devenue plus coquette. Je n'avais jamais beaucoup travaillé à embellir mes cheveux. Quelques semaines après ma « prise de perruque », un magasin spécialisé dans les turbans (et les perruques) s'installe en dessous de chez moi. J'y passe quelques après-midi pour savoir comment accessoiriser ma nouvelle tête. J'ai envie d'être belle, de mettre en valeur mon corps malade, pour moi et pour mes proches. Cette envie ne me quittera plus.

Antidotes

Que la vie continue !

J'ai toujours aimé sortir, recevoir mes amis, ma famille. C'est l'anniversaire de Romain le jour de ma deuxième séance de chimio. Je me demande si je pourrai le fêter avec lui. Je suis triste à l'idée de devoir rester à la maison. Avant de commencer la chimio, je me disais déjà que cela ne serait sans doute pas compatible. Et finalement, je peux l'emmener dîner, comme chaque année. Certes, ça n'est pas l'anniversaire le plus joyeux. Je suis un peu gonflée. J'ai choisi un restaurant avec de la nourriture légère, pour éviter les haut-le-cœur (alors que Romain est plutôt adepte de plats robustes). Le champagne a un goût bizarre, à cause de tous les produits que j'ai dans le corps. Mais nous fêtons quand même son trente-troisième anniversaire. J'en suis heureuse.

Le week-end suivant, nous pouvons partir à la campagne. Nous avons invité mon frère et sa famille, ma marraine et son mari. Je redoute ces deux jours. J'ai compris que les vomissements arrivent quelques jours après les séances. J'ai toujours détesté avoir mal au cœur… Je ne veux pas que ce mal au cœur gâche le joyeux déjeuner de famille de Pâques. Aussi me suis-je résignée à l'idée de rester couchée pendant tout le déjeuner, et à ne faire que quelques apparitions. Parce que c'est la conception que j'ai des malades en plein traitement : ils ne peuvent pas deviser joyeusement à table, comme si de rien n'était. Il est normal qu'une personne atteinte d'un cancer reste allongée toute la journée dans sa chambre aux volets clos.

Ce ne fut pas le cas… Le déjeuner se passe normalement, sans doute fut-il même plus joyeux que d'habitude. Le temps est lumineux, un vrai temps de Pâques, un vrai temps de résurrection. J'ai eu mes premières séances de chimio, je suis là et rien ne me rend différente des autres. La vie continue.

Ma chimiothérapie doit se prolonger pendant les grandes vacances. Comme au début de ma cure, j'imagine que je devrai rester à Paris tout l'été. Comment envisager de pouvoir partir huit semaines en dehors de Paris, alors que je suis en plein traitement ? Là encore, après avoir compris comment fonctionnent les séances de chimiothérapie (quelques heures à l'hôpital), après avoir compris que la Sécurité sociale me laissera m'éloigner de mon domicile si je coche la bonne case, j'organise mes vacances.

Aux mois de juillet et d'août, passé la cure intensive, je n'ai plus qu'une cure tous les quinze jours. Je peux même caser un rendez-vous chez l'acupuncteur après chaque séance de chimio.

L'humour et la simplicité des enfants

Lorsque j'ai appris que j'avais un cancer, Camille, ma fille aînée, avait 2 ans et demi et Juliette, sa cadette, 9 mois. Nous avons dit à Camille que j'étais malade en essayant de la rassurer le plus possible. C'était difficile de trouver les mots, d'essayer de dire la vérité sans faire peur inutilement. Car comment expliquer à un enfant de 3 ans une maladie qui ne se voit pas ? Il y a un certain nombre de livres sur le sujet mais, en les feuilletant, je ne me retrouve pas moi, la maman de Camille, dans les parents tels qu'ils sont dessinés dans les livres. Quand on lui parle de ma maladie, Camille répète machinalement : « Maman est malade, mais ce n'est pas grave » (mots que nous avons sans doute employés au début) ; je l'emmène donc voir un pédopsychiatre pour la faire parler. Je la laisse seule avec le médecin. Quand je rentre dans la salle, Camille me demande très simplement : « Mais en fait, Maman, ils sont où tes bobos ? »

Mais oui, bien sûr, quand on est malade, on a des bobos. Finalement, c'est Camille qui trouve les bons mots. Alors je lui raconte que j'ai eu de gros bobos dans le cou et au niveau de la poitrine, à l'intérieur, mais qu'ils sont tous en train de partir. C'est ainsi que nous pouvons en discuter. Quand j'apprends, en juin, que je suis en rémission complète, c'est-à-dire que l'ensemble de la masse tumorale a disparu, je peux enfin annoncer à Camille que tous mes bobos sont guéris. Quelques semaines après, Camille fait un dessin de moi avec des petits ronds partout dans le cou. Je lui répète que ces bobos sont tous partis.

Et elle n'a plus jamais tracé de petits ronds dans le cou sur ses dessins.

Une autre fois, c'est elle qui trouve le ton juste. J'ai toujours veillé à ce qu'elle ne me voie pas sans ma perruque. Je me dis que cette image lui ferait peur, et puis je ne sais pas comment aborder cette question si intime. Un matin, alors que je lui mets ses chaussures, accroupie contre elle, elle s'agrippe à mes « cheveux ». La perruque enlevée, Camille tombe à la renverse. Effroi. Je la regarde, très gênée. Je rattrape ma perruque. Et elle explose de rire : « Oh Maman ! Tes cheveux, ils sont partis ! » C'est comme si elle avait vu un éléphant voler dans le ciel. Tout est possible dans l'esprit d'un enfant !

L'aide des autres

Avant mon cancer, j'avais du mal à accepter simplement l'aide des autres, sans doute parce que je voulais être forte, parce que je m'imaginais être un fardeau pour eux. Je refusais par habitude les propositions d'aide de ma mère, de mon mari, de mes amis. Avec le cancer, à certains moments, je n'ai pas eu le choix. Lorsque je suis couchée tout le week-end, épuisée par les traitements et par les mucites, je n'ai pas d'autre alternative que de laisser Romain aller promener les filles seul pour que je puisse me reposer. À d'autres moments, pendant les séances de chimio, j'accepte la douceur de la compagnie d'une amie, de ma mère, même si pour cela elles traversent tout Paris et que je dors la moitié du temps. Et puis, sans les conseils et les adresses de Reine, qui m'a précédée de quelques mois dans cette épreuve, je suis sûre que mon traitement aurait été beaucoup plus difficile à supporter.

Un week-end, alors que je ne peux rien avaler à cause de mes mucites, j'essaie de me préparer de la semoule, qu'une amie diététicienne m'a recommandée dans ces moments-là. Fatiguée, je bâcle ma préparation. La semoule est dure. L'ingurgiter me fait atrocement mal. Avec une douceur infinie, Héloïse me dit de retourner m'asseoir. Et elle va touiller cette semoule, avec patience, pour que je puisse l'ingérer. Son image, debout dans la cuisine, concentrée sur la casserole de semoule, pour s'assurer de sa parfaite cuisson, restera l'un des plus beaux souvenirs de ses mille attentions.

Cette expérience a finalement simplifié les relations que j'entretiens avec mes proches. Au lieu d'enrager dans mon coin parce que mon mari ne m'aide pas, j'ai appris à demander plus simplement son soutien. Son soutien domestique certes, mais encore plus son soutien moral. D'une nature extrêmement pudique, j'ai appris à partager mes peurs quand, au moindre signe, j'ai l'impression que mon lymphome revient. J'en parle à Romain, qui, d'une nature très pragmatique, m'aide toujours à calmer mes angoisses !

Romain a été le roc sur lequel j'ai pu me reposer pendant toute cette épreuve. Puisque c'est lui qui a partagé mon quotidien et qu'il a été présent à toutes les étapes de la maladie. Au tout début, il était là. Juste là. Pour me donner de la chaleur, alors que j'étais glacée d'effroi. Lors des rendez-vous importants (premier scanner, rendez-vous à l'hôpital), il était avec moi. Une présence forte et douce. Lors des chimios, il passait toujours quelques instants. Il arrivait souvent alors que je dormais et je le voyais, assis en face de moi. Romain n'a pas dramatisé. Il ne s'est pas enfermé dans un mutisme désespéré. Il n'a pas relativisé la gravité du mal. Il a trouvé le ton juste, en tout cas avec moi. Il a continué à me traiter comme sa femme, comme la mère de ses filles, et non pas comme une pauvre petite chose malade. Avec une délicatesse que j'ai toujours tant aimée chez lui. Un matin, je m'aperçois avec effroi que j'ai perdu le turban qui habille mon crâne chauve. Romain est éveillé. Je suis gênée qu'il me voie ainsi. Avec une douceur infinie et un sourire pudique, il me dit de ne pas m'affoler, qu'il se réveille souvent avant moi et qu'il a donc déjà vu mon crâne ! Du coup, cela me permet de dénuder ma tête parfois devant lui, quand je n'ai plus envie de mettre un foulard.

Comme moi, Romain est bien entouré. Par sa famille. Par ses amis. Par ses collaborateurs. La femme du patron de Romain, K., est traitée au même moment que moi pour une tumeur au cerveau. Romain et K. échangent beaucoup pendant les mois de nos soins respectifs. Et c'est sans doute la personne avec qui Romain aura le plus parlé de ma maladie. Car il sait que K. vit la même chose. Partage les mêmes craintes. Comme pour moi, le milieu professionnel représente pour Romain la source d'un certain réconfort pendant cette période.

Début juillet. À l'issue de la chimio intensive, avant de reprendre la seconde phase, celle de consolidation, nous passons un week-end tous les deux à Marseille. Nous pouvons ainsi fêter la nouvelle de la rémission, que j'ai apprise quelques jours plus tôt. C'est une parenthèse enchantée. Un week-end en amoureux comme nous avons toujours aimé en passer. C'est important car il s'agit d'une période difficile pour le couple. D'abord le traumatisme psychologique. Romain a envisagé ma mort. Je l'ai imaginé seul avec nos deux petites filles. J'ai pensé qu'il se remarierait.

La maladie déstabilise l'équilibre du couple. Moi qui ai toujours mis un point d'honneur à garder ma maison impeccable, à en faire le plus possible pour mes filles et pour mon mari, je suis diminuée, fatiguée. Je dois rester couchée des heures. La chimio diminue la libido, le rapport à son propre corps et au corps de l'autre change inévitablement. Enfin, à l'issue de la maladie, on remet beaucoup de choses en question ou, a minima, on modifie sa manière de vivre. En plus de réviser mon alimentation, mon rythme, mes priorités, j'ai changé de tempérament, j'ai revu les valeurs qui m'animaient. Fort heureusement, je crois que cette nouvelle Madeleine convient mieux à Romain ! J'ai toujours admiré la liberté de mon mari. Et je crois que cette épreuve, à mon tour, me rend plus libre.

Lorsqu'on est atteint d'un cancer, toute aide est bienvenue. Alors vous qui connaissez des gens dans cette situation, n'hésitez pas à leur proposer de les aider, de leur garder leurs enfants le temps d'un week-end, de venir les voir après leur traitement pour les seconder à la maison, ou tout simplement pour parler. N'ayez pas peur ! Sur les conseils de Reine, j'ai demandé à une amie de m'accompagner pour choisir ma perruque. Cela permet d'alléger les moments que l'on appréhende le plus, une opportunité de plus de se retrouver entre amis, et pas un épisode douloureux de plus. Nous regardons les catalogues de perruques. Ils ressemblent aux catalogues de vente à distance allemands des années 1980. Il y a des perruques pour tous les goûts : des cheveux en brosse rouges, des boules crépues blond platine sur des mannequins avec une magnifique dentition blanche. Moi qui ai les cheveux raides, bruns, coupés mi-long, je me vois rire comme une enfant en m'imaginant rousse, les cheveux dressés sur la tête ou en Jackson Five. Si je n'étais pas accompagnée, je ne prendrais pas les choses avec tant de légèreté.

Un autre exemple : la tonte des cheveux. C'est un moment qui peut paraître insoutenable, surtout pour une jeune femme de 34 ans. J'y vais avec ma meilleure amie. Je pense que nous appréhendons toutes les deux cet instant. La coiffeuse, Karine, m'installe dans un salon privé très zen, dédié aux soins capillaires. Elle me coupe les cheveux avec une douceur extrême et une grande pudeur. Mon amie reste là, silencieuse, et regarde mon crâne se découvrir peu à peu. Puis je mets ma perruque pour la première fois. En toute honnêteté, je me trouve plus jolie. Mon brushing est parfaitement réussi. Et je sais que je le garderai intact pendant six mois. Nous sommes toutes les deux émues, non par le pathos du moment, mais par le fait de vivre ensemble cet instant d'une immense intimité. Cet instant cristallise pour moi les sentiments d'une amitié de plus de vingt ans. Nous allons boire un café ensemble. Comme nous l'avons toujours fait après une exposition, ou des courses. La vie, et tout ce qu'elle a d'agréable, continue malgré le fait de ne plus avoir de cheveux.

Si j'ai un regret immense concernant cette époque, c'est celui de ne pas avoir appelé mon parrain, qui depuis nous a quittés. Lorsque j'ai appris que j'avais un lymphome, il était malade depuis quelques années d'un cancer du foie. Il m'avait écrit un mail pour me dire de l'appeler, pour me dire qu'il serait heureux de pouvoir échanger avec moi. Je ne l'ai jamais fait. Je me disais que j'avais le temps. Sans doute n'avais-je pas envie au fond de l'appeler, car je savais qu'il était bien plus malade que moi. Il ne supportait pas la chimio. Il est mort à la fin de l'été.

Appeler les gens malades fait peur. On ne sait jamais comment s'y prendre, on pense que l'on va dire des choses déplacées, qu'on va les déranger. Personnellement je n'ai jamais été dérangée, je n'ai jamais trouvé qu'un témoignage de soutien était déplacé (que ce soit un mail, un SMS, un coup de téléphone, une visite). Les seules paroles que j'ai trouvées pénibles sont celles qui m'enterraient vivante (« Oh, c'est affreux, c'est abominable », « Je suis désespérée pour toi »...) ou les paroles de quasi-indifférence (« Que veux-tu que je te dise... »).

Il est juste important de se mettre à la place de la personne malade, de comprendre ce qu'elle aimerait entendre. Pour ma part, j'ai besoin simplement de messages de soutien, d'amitié (« Nous pensons bien à toi », « Nous sommes de tout cœur avec toi »...), d'encouragement (« Nous nous battrons avec toi », « Je connais telle personne qui a eu la même chose et qui s'en est sortie »...).

J'ai souffert que des gens proches de moi ne m'appellent pas directement et passent par d'autres. J'avais besoin de la chaleur de toutes les personnes qui m'entouraient pour m'aider dans ce combat. Au contraire, un ami que je n'avais pas vu depuis longtemps m'a appelée dès qu'il a su que j'étais malade. Nous ne nous étions pas parlé depuis au moins trois ans. Nous n'étions pas particulièrement proches. Mais il avait osé m'appeler pour me dire, en toute simplicité, qu'il pensait à moi. Son appel fut un vrai rayon de soleil !

La famille médicale

Quand, au mois de septembre, je quitte les infirmières et les médecins qui m'ont accompagnée pendant six mois, après ma dernière séance de chimiothérapie, je suis dans un état ambigu. Bien sûr, je suis heureuse de finir le traitement. Heureuse de savoir que je n'ai plus besoin d'injection. Heureuse de savoir que mes tumeurs sont bel et bien parties.

En même temps, je suis triste de quitter ces personnes qui ont pris tant soin de moi. J'ai l'impression de quitter une famille, un groupe d'amis qui me connaît bien, qui a partagé mon intimité, qui sait tout de mon corps, mieux que moi-même, et qui a partagé avec moi cette épreuve. Je me dis que je les quitte pour toujours.

J'avais eu la même infirmière, Sandrine, presque à chaque séance. C'était une femme jeune, joyeuse, douce. C'était elle qui, délicatement, me posait l'aiguille dans le cathéter tous les matins quand j'arrivais. Grâce à ses soins et au patch anesthésiant que j'appliquais avant, je n'ai jamais eu mal. Nous discutions de tout et de rien, de nos familles, de ses deux enfants comme si nous nous étions rencontrées « normalement » à l'école ou chez des amis.

Et puis, il y avait une nuée de jeunes femmes, une nuée de fées, qui s'empressaient autour de moi toute la journée : celle qui venait me demander ce que je voulais pour le repas, celle qui venait me donner les papiers (ordonnance pour le taxi et attestation pour la Sécurité sociale), les étudiants en médecine qui s'essayaient au diagnostic, etc. C'était une fourmilière pleine de vie.

Avant d'être malade, j'imaginais les services de cancérologie comme des mouroirs, des grands ensembles inhumains, où sont hospitalisés non pas des personnes mais seulement des malades. Et qui sont traités comme tels, comme des tumeurs ambulantes. J'appréhendais ce monde inconnu, ce monde de la science, ce monde de blouses blanches.

La réalité a été tout autre. J'allais toujours sereine à mes séances de chimiothérapie. Le lieu était beau, l'hôpital Saint-Louis plein de vie. Je retrouvais Maman, Héloïse, Jean-François, Romain et toute l'équipe médicale pleine d'attentions, qui savait ce qui s'était passé pendant que j'étais chez moi, qui savait que j'avais eu des mucites, qui savait que j'avais été fatiguée et qui s'empressait de me demander des nouvelles quand j'arrivais.

Bien sûr, cela fait partie du traitement. Car le risque de la chimiothérapie est de fatiguer le corps au point de devoir stopper le traitement. Il est essentiel de rester en bon état pour continuer à lutter. Comme un sportif qui s'apprête à accomplir un exploit !

Lorsque je dis que j'ai apprécié mes cures de chimiothérapie, les gens ne comprennent pas, ils pensent que j'exprime mal ma pensée et que je veux juste dire que ce n'était pas aussi terrible que ça. Non, je le répète à l'envi. Ma cure de chimiothérapie fut un heureux moment de ma vie. Et la famille médicale qui m'a accompagnée y a largement contribué.

L'acupuncture

Je n'ai jamais eu de nausée pendant mon traitement. Sauf de légers haut-le-cœur, le soir des premières séances de chimio, lorsque j'étais gonflée de produits. Là encore, avant de commencer le traitement, ces malaises me faisaient peur. Un de mes amis, atteint d'un lymphome quand il était jeune, nous avait fait, à mon mari et moi, une description apocalyptique de ces fameuses nausées. Je me voyais passer la journée faisant des allers-retours entre mon lit et ma salle de bains. Mon mari m'avait dit d'un air grave que je devais m'y attendre.

Cela me faisait horreur d'y penser. Pour mes filles surtout. Pour Camille, qui était en âge de comprendre que ça n'allait pas. Je ne voulais pas qu'elle voie ainsi les symptomes de la maladie.

La chimiothérapie est aujourd'hui mieux dosée, pour soulager le foie. Le Zophren, un médicament antispasmodique, administré quelques jours après les séances, permet aussi de limiter les nausées.

L'acupuncture a eu également un effet puissant et efficace. Parce que Reine elle-même, qui n'a pas pu commencer l'acupuncture au moment de ses premières séances, a eu des nausées à l'issue de celles-ci ; elles ont disparu avec la pose des premières aiguilles. Le seul soir où je me suis tordue de douleur fut après ma toute première séance de chimio alors que je n'avais à mon actif qu'une seule séance d'acupuncture.

Les aiguilles du Dr J. et de certains de ses confrères m'ont aussi permis de ne pas perdre mes cils et mes sourcils. Ils manquent tellement sur un visage ! Leur absence est un tel signe extérieur du cancer. J'avais commencé à les perdre début juillet. Mes sourcils se clairsemaient de plus en plus. J'avais beau avoir appris, lors de cours de maquillage, comment me créer de faux sourcils, je ne pouvais m'y résoudre. Et, comme toujours après une séance de chimio, je suis allée chez l'acupuncteur. Quelques jours après, alors que je continuais les séances de chimio, mes cils et mes sourcils repoussaient. Timidement mais sûrement.

La rémission

Le retour à la « normale »

La rémission m'avait été annoncée en juin. Il me restait encore trois mois de traitement de consolidation à suivre, pour prévenir les rechutes.

Et puis en septembre, la chimiothérapie s'est arrêtée, je suis retournée au travail et les stigmates de la maladie ont peu à peu tous disparu, un à un.

Mes cheveux ont commencé à repousser, sous la perruque. Ma coupe intriguait : c'est vrai que cette petite mèche qui dépassait de plus en plus, au-delà de la naissance des cheveux en haut de mon front, était incongrue. Combien de regards ai-je surpris en réunion, fixés sur cette coupe bizarre ? ! Je travaillais à l'époque avec une jeune collaboratrice qui ne connaissait rien de mon histoire. Nous avions souvent des réunions en face à face. Et je voyais ses yeux, qui ne pouvaient pas s'empêcher de fixer mon front.

J'avais aussi des réunions avec Reine sur un projet compliqué. Nous sentions que le regard d'une de nos clientes restait fixé sur la coupe de l'une, puis de l'autre.

Et en sortant, nous sourrions, en nous imaginant arracher simultanément nos deux perruques face à nos clients médusés !

À la fin du mois de décembre, juste avant Noël, je suis retournée voir notre coiffeuse, Karine. Elle m'a accueillie avec un très large sourire : « Alors que faisons-nous cette fois-ci ? On l'enlève ? » Elle m'a emmenée dans le petit salon VIP. Ma mère m'avait accompagnée. Et j'ai enlevé ma perruque. Mes cheveux formaient une boule noire encore informe, comme sur une tête de nourrisson. Et Karine a transformé cela. Six mois auparavant, elle avait mis de la délicatesse et de la compassion dans ses gestes. Là, je sentais une volonté de faire le mieux possible, de me rendre aussi jolie qu'elle le pouvait. Ma mère était émue. J'étais heureuse. Lorsque je suis sortie, l'air était sec et froid, je sentais avec bonheur le vent dans mes cheveux. J'ai remonté les jardins des Champs-Élysées au milieu des stands du marché de Noël. J'étais ravie, comme une enfant.

J'ai retrouvé, pour un déjeuner, des clients avec qui j'avais travaillé les mois précédents. Lorsque je suis arrivée à leur table, ils se sont écriés en chœur : « Oh, vous vous êtes coupé les cheveux ! »

Ils ne seraient pas les derniers. Pendant tout le mois de janvier, j'entendrais au bureau cette petite phrase qui, encore aujourd'hui, me fait sourire. J'avais envie de leur répondre : « Mais non, au contraire, ils ont repoussé. » Ça m'aurait fait rire. Mais je savais bien que ça jetterait un froid. Et je ne voulais plus de compassion. Ce temps était révolu. Alors je répondais : « Oui, oui, il faut bien changer de temps en temps » ou « Oui, j'ai été radicale »...

Puis les comparaisons ont afflué. Je crois que j'ai rarement été autant comparée à une actrice. Isabella Rossellini,

Halle Berry... En revoyant les photos, je ne sais pas si c'est vrai... En tout cas, cela me faisait immensément plaisir.

Mes ongles ont repoussé, et j'ai pu faire ma première manucure pour Noël. Puis on m'a retiré mon cathéter, cette petite chambre que l'on pose sous la peau pour les injections, pour éviter de meurtrir les veines. Après cette opération, c'était fini. Je n'avais plus de marque physique, palpable, de la maladie. Juste une petite cicatrice au-dessus de mon sein droit.

La sortie de la maladie, ce n'est pas la dernière chimio : c'est une suite de petits bonheurs, qui s'égrènent au fil de l'année. Et la disparition, petit à petit, de l'angoisse de la rechute.

Au-delà de l'angoisse de la rechute

En sortant de l'hôpital Saint-Louis, le mardi 13 septembre 2011, je ressens un immense vide. Pendant six mois, j'ai été entourée par une famille médicale. Pas une semaine ne passait sans que j'aie une analyse de sang, une chimio, un rendez-vous de médecin, un scanner, un *PET scan*. J'étais sous monitoring permanent.

Tout cela est fini. Mon prochain rendez-vous à l'hôpital sera en octobre. Puis en avril 2012. Puis en octobre 2012. En avril 2013, puis en octobre 2013. Puis en 2014, 2015... Pendant deux ans, les risques de récidive sont les plus forts, ce qui implique un suivi tous les six mois. Les rendez-vous s'espaceront ensuite. Et ce ne sera qu'en 2016 que les médecins considéreront que je suis « guérie ».

Pendant cinq ans et même au-delà, je dois réapprendre à vivre seule avec ce corps qui m'a fait si peur. Dès le début, la chimio m'était apparue comme un combat à ma portée, parce que j'étais soutenue et entourée dans la bataille. C'était un blitzkrieg, une guerre intense mais rapide.

Désormais, j'entame un combat de fond. De cinq années. J'ai l'impression d'être comme un soldat qui a survécu à un assaut et qui, seul au milieu du champ de bataille, ne sachant pas si son camp a gagné ou perdu, reste sur le qui-vive, soupçonne tout mouvement, tout bruit d'être une attaque de l'ennemi. Je me sens beaucoup plus impuissante qu'au début de mon traitement de chimiothérapie. Ce que nous avons à combattre après la rémission, c'est l'angoisse de la rechute. Les quelques mois qui suivent la rémission sont des moments durs, que les proches doivent apprendre à accompagner. D'une nature pourtant peu hypocondriaque, combien de fois en quelques mois ai-je eu l'impression d'avoir des démangeaisons, d'être essoufflée – autant de signes du lymphome –, combien de grosseurs ai-je eu l'impression de découvrir alors qu'il s'agissait de la veine jugulaire interne, du métasternum, du gros intestin ? Chaque fois, je vais regarder, tremblante, sur Internet. Ce qui me rassure le plus, c'est finalement lorsque, dans la même journée, je me vois atteinte d'un cancer du poumon, puis de l'intestin. La raison vient alors à mon secours. Je réussis à prendre du recul ; plus le temps passe, plus la peur de la maladie s'estompe, mais je considère que la rémission reste un moment douloureux de la maladie, il convient de l'accompagner d'exercices qui évacuent l'angoisse, d'échanges, encore et toujours, avec ses proches.

Six mois après avoir terminé le traitement, j'entame une psychothérapie. Avant d'être malade, comme un certain nombre de mes contemporains, je considérais que la psychothérapie était bonne pour les personnes dérangées. Je me disais que pour les personnes « normales », « saines d'esprit », ça devait être intéressant de s'auto-analyser, de décrypter ses rêves, mais que c'était un luxe inutile, bon pour les intellectuels new-yorkais comme Woody Allen. C'était l'image qui avait toujours été véhiculée dans ma famille. Il y avait quelque chose de honteux dans le fait d'aller voir un psychanalyste.

La maladie m'a donné envie de revisiter beaucoup de mes présupposés. Pour lutter contre mes angoisses, pour défaire des nœuds anciens qui, sans m'empêcher de vivre, polluaient un peu mon quotidien, et parfois celui de mes proches. Parce que je souhaite me débarrasser des freins avec lesquels j'avais toujours appris à composer : ma timidité et ma peur des conflits, par exemple. Parce que j'ai envie de vivre pleinement, d'accomplir des rêves, d'être moi-même. Avec la maladie, j'ai compris que je ne peux plus en retarder le moment, que je risque de passer toute ma vie avec ces fers. Ironie du sort, alors que je démarre ma psychothérapie, une de mes très proches amies (qui est tout aussi « normale » et « saine d'esprit » que moi) entame la même démarche, pour des raisons tout autres.

Je n'ai pas terminé ma cure. Ce sera un long chemin. Mais, déjà, avec l'aide de ma psychanalyste, je peux prendre du recul par rapport à des obligations que je m'imposais, je peux m'exprimer sur des sujets que j'avais toujours considérés comme tabous. Je peux lever des inhibitions. J'accepte mes contradictions. Je n'ai plus peur de la complexité de mon être. La psychanalyse me donne un œil neuf sur des situations qui s'étaient établies au fur et à mesure des années, qui me bloquaient et que je pensais intangibles.

Je découvre que je n'ai jamais vraiment fait le deuil de mon père. Je comprends à quel point sa mort précoce a encore des répercussions très concrètes dans ma vie de tous les jours, dans ma relation aux autres. Depuis que j'ai entamé ma cure, je savoure encore plus ma propre vie, j'exprime mes convictions plus librement, je partage mes idées, mes sentiments comme je n'avais jamais osé le faire. J'ai déjà fait tomber bien des idées reçues sur ce qu'il faut être ou ne pas être, des idées qui se sont accumulées au fil du temps, des idées auxquelles je prends maintenant le temps de réfléchir en toute conscience, avec ce que je suis et ce que je crois profondément.

Mens sana in corpore sano

Mon corps, ce héros

« À votre (bonne) santé » : c'est une phrase qui paraît si anodine, un brin surannée, et pourtant… Lorsque nous trinquons ensemble aujourd'hui avec Reine, nous prenons conscience de tout le sens de ces deux mots : « bonne santé ».

Pour des hommes et des femmes de 35-40 ans, la santé est une préoccupation souvent secondaire, un sujet de vieux, un acquis. Être en mauvaise santé n'est pas un droit opposable à la pression de la vie professionnelle. La maladie est acceptée à partir du moment où elle est vraiment grave. La maladie est mal vue, on la soupçonne de manière sous-jacente de cacher une forme de paresse. En effet, si beaucoup de gens arrivent à ne jamais être malades, pourquoi d'autres le seraient parfois ? Les premiers sont capables de « repousser leurs limites ». À ce titre, il est intéressant de noter que, dans la population des cadres, on constate beaucoup moins d'arrêts maladie que dans les autres catégories. Dans une entreprise compétitive, on a besoin de gens forts, jamais malades.

Avant d'avoir un cancer, j'étais un vrai modèle de Wonder Woman, je m'écoutais le moins possible, je dormais peu, je sautais régulièrement un repas pour une réunion, je continuais à travailler malgré mes petits aléas de santé, malgré la maternité. Et j'en étais fière. Jusqu'à ce que mon corps se rebelle. Stress, fatigue, déficience immunitaire liée à une mauvaise alimentation, ingestion quotidienne de petites doses de substances toxiques, terrain génétique favorable... Les causes du cancer sont multiples, un cancer « se prépare » durant de longues années. Savoir quels ont été les éléments déclencheurs dans mon cas est à ce jour impossible.

La maladie m'a appris que mon corps est une machine d'une extraordinaire complexité, devant laquelle il convient d'être humble, à qui l'on ne peut pas faire subir tous ses caprices et que l'on se doit d'entretenir et de soigner. Superman et Wonder Woman n'existent pas !

Malgré un agenda qui demeure chargé (je reste une mère de deux petites filles, une femme, un cadre supérieur), j'apprends à être attentive aux signes de fatigue et de faiblesse, j'apprends à les écouter, à ne pas les considérer comme des épiphénomènes qui passeront tout seuls. Je m'autorise à souffler de temps en temps, à prendre plus de vacances. Grâce à un aménagement proposé par mon employeur à tous les salariés qui le souhaitent (« le forfait 92 % »), je peux bénéficier de dix-sept jours de congé supplémentaires : une belle initiative de notre direction des ressources humaines qui permet de prendre des vacances toutes les huit semaines.

J'ai également ajouté à mon agenda des séances de piscine, de qi gong, de massage... Et finalement, ces heures volées dans la semaine, pour soigner mon corps dans la durée, me donnent le sentiment de travailler encore mieux, de mieux déléguer, d'être plus centrée sur l'essentiel, sur ma valeur ajoutée.

Le qi gong

Le qi gong est une approche corps-esprit fondée sur les principes de la médecine traditionnelle chinoise. Le « qi » désigne le flux énergétique, l'énergie vitale, qui anime toute chose. Le « gong » désigne l'entraînement.

Littéralement, le qi gong est une pratique qui vise à renforcer le flux énergétique et à le faire circuler dans tout le corps. Chacun d'entre nous s'aperçoit un jour ou l'autre à quel point les contrariétés, le stress, l'angoisse ont un impact direct sur le corps : mal de dos, insomnies, problèmes intestinaux (liés à la fameuse « boule au ventre » du stress) sont autant de révélateurs de ce lien extrêmement fort, de cet entrelacs entre santé mentale et bien-être du corps. Et à l'inverse, on ne se sent jamais aussi performant et serein qu'avec un corps reposé ou aéré par de l'exercice physique.

J'ai longtemps été sceptique sur l'utilité de pratiques comme le yoga, le tai-chi… Je considérais qu'elles étaient bonnes pour les personnes centrées sur leur bien-être et sur leurs corps, pour des gens qui n'avaient rien à faire d'autre. Je pensais que c'était un phénomène de mode, dont on trouvait toujours la dernière tendance dans les magazines féminins. Je trouvais que ces méthodes relevaient d'un certain folklore asiatique.

Pendant le traitement, j'ai d'abord reconnu les bienfaits de l'acupuncture. Un mois après la fin de la chimiothérapie, je vais voir mon homéopathe. Je suis alors très angoissée à l'idée d'une possible rechute. Il me conseille de faire du qi gong. Parce que quelques minutes de pratique quotidienne permettront d'atténuer mes peurs. Parce que c'est adapté à mon mode de vie (un travail prenant, deux filles en bas âge). Il m'écrit l'adresse d'un cours sur un bout de papier. Je le range dans mon petit carnet de notes. Je laisse passer un ou deux mois.

À mesure que mes cures de chimiothérapie s'éloignent, je ressens de plus en plus de sensations étranges dans le thorax ou dans le ventre. Elles me font craindre le pire. J'ai peur de mon corps.

Alors je me rends à mon premier cours de qi gong. Je n'en perçois pas tout de suite les effets. Les premiers cours sont même assez pénibles. Je me force à tenir des positions souvent désagréables, parfois douloureuses. En travaillant sur la verticalité du corps, les deux pieds solidement ancrés, le bassin placé au-dessus des pieds, le qi gong permet de faire circuler notre énergie. Nous ne sommes pas habitués à ces postures qui contrecarrent les mauvaises habitudes que nous entretenons quotidiennement.

Un week-end, alors que je ressens de plus en plus de douleurs au thorax, mon inquiétude augmente d'autant : je m'isole pour quelques exercices de qi gong que je fais en respirant profondément. Au bout de quelques jours, ces sensations disparaissent complètement. Je comprends à quel point la circulation de l'air dans le corps permet de débloquer des nœuds douloureux.

Depuis, j'essaie de pratiquer le qi gong au moins deux heures par semaine, lors de cours collectifs. Je renouvelle ces exercices chez moi quelques minutes par jour, le soir. Cela fait un an maintenant. Le qi gong a produit des effets réels sur mon équilibre mental, ma sérénité, l'atténuation de mes angoisses. Je remarque que lorsque je ne fais pas ces exercices pendant une ou deux semaines, les mouvements d'humeur, d'irritation, l'énervement réapparaissent plus vite.

Et mon corps peu à peu assimile. Une des bases du qi gong est de relâcher la mâchoire, où s'accumulent les tensions. Je m'amuse à sentir, au fur et à mesure des journées stressantes, ma mâchoire qui se serre peu à peu. Alors, régulièrement, je la détends. J'éprouve aussi le besoin d'avoir les deux pieds ancrés au sol, assise ou debout. En position verticale, le principe du qi gong repose sur cet ancrage. Comme pour mes mâchoires, je réajuste chaque jour ma position. Ce sont quelques instants que j'accorde à mon corps dans le tourbillon de la journée. Ils libèrent les tensions qui s'accumulent, comme une petite soupape, et me redonnent un souffle nouveau. Léger, mais bien réel.

L'alimentation

Plutôt habituée aux repas rapides à cause de mon emploi du temps surchargé, je redécouvre le plaisir des bons et beaux aliments. Le plaisir d'une véritable pause au déjeuner. Le plaisir de créer des plats, de travailler sur les saveurs, les couleurs, les produits de saison. Le plaisir de soigner mon corps avec des aliments sains et diversifiés, de lui apporter tout ce dont il a besoin dans une journée. Même si je n'ai toujours pas le temps de faire la cuisine pendant des heures, mon emploi du temps restant serré, j'ai simplement substitué aux sandwiches, aux soupes toutes prêtes, aux plateaux fromage-charcuterie si pratiques des poêlées de légumes assaisonnées d'herbes et d'huiles (de lin, de soja, de tournesol, d'olive...), des salades composées (de quinoa, de tomates, d'avocat...), des poissons en papillote... C'est si simple et si bon à la fois.

Après la naissance de ma seconde fille, j'avais cinq ou six kilos à perdre. Je choisis de faire un régime hypocalorique, élaboré par mes (mauvais) soins : un café au lait le matin, une assiette de légumes au déjeuner et une soupe toute prête au dîner. Avec ce régime, j'ai pu perdre les kilos voulus en neuf semaines. J'étais fière de moi. C'était deux mois avant d'apprendre que j'avais un lymphome. Je ne sais pas dans quelle mesure cet épisode aura joué dans le déclenchement de la maladie. Mais une chose est sûre : c'est que je n'avais pas compris à quel point notre alimentation joue un rôle clé dans notre santé. Moi qui aime tant jardiner, soigner mes fleurs, ameublir la terre en novembre pour nourrir les plantes, enrichir le sol d'engrais en mars ; moi qui fais si attention à les arroser dès les premiers rayons de soleil, je ne voulais pas entendre qu'il en était de même de mon propre corps. Je considérais qu'un régime alimentaire était avant tout un dosage de calories. Je ne voyais la nourriture qu'au travers du prisme du tour de taille.

Grâce à l'ouvrage du Dr Servan-Schreiber et à celui du Dr Béliveau (qui inspira le premier), j'ai compris que l'alimentation contribue à renforcer le système immunitaire, à réduire les inflammations et, de ce fait, peut jouer un rôle dans la prévention des cancers. Dans son livre *Anticancer*[1], David Servan-Schreiber raconte la manière dont le Dr Béliveau a identifié tous les aliments qui permettent de prévenir

1. *Op. cit.*

les tumeurs. Un de ses amis était atteint d'un cancer du pancréas. Il lui restait quelques semaines à vivre. Celui-ci l'a appelé pour lui demander son aide. Le Dr Béliveau s'est alors enfermé pendant quelques jours pour lui élaborer un régime sur mesure. S'astreignant à ce régime strict, son ami a vécu quatre mois de plus. C'est ainsi que le docteur a découvert les propriétés anticancer de la famille des choux, des champignons, des fruits rouges, du thé vert, du vin rouge, du curcuma, de l'ail, de la tomate, des agrumes...

La recherche d'une meilleure alimentation m'a rendue curieuse. J'essaie de nouveaux produits. De nouvelles associations. Je veille désormais à apporter chaque jour à mon organisme tous les éléments dont il a besoin pour fonctionner correctement (des féculents, des fruits secs, des céréales pour l'énergie, des légumes et des fruits pour les vitamines, des fibres...).

Je suis devenue une partisane des produits bio. Notre société a développé une alimentation remplie de pesticides et de conservateurs qui permettent d'améliorer les rendements de l'agriculture, d'optimiser la gestion des stocks de l'industrie agroalimentaire, de vendre de nouveaux produits, à la texture toujours plus fondante, au goût toujours plus sucré, pour accroître la part de marché des géants de l'industrie. Plusieurs études ont montré un lien entre l'exposition aux pesticides et le développement de cancers, dont les lymphomes[1].

L'agriculture biologique fait aujourd'hui l'objet de critiques, compte tenu des cahiers des charges qui tiennent

1. Julie Agopian, Jean-Marc Navarro *et al.*, « Agricultural pesticide exposure and the molecular connection to lymphomagenesis », *The Journal of Experimental Medecine*, juin 2009.

de plus en plus compte des standards de l'industrie agroalimentaire. Les produits bio peuvent aussi contenir des produits nocifs, comme l'huile de palme ou le nitrite de sodium, un additif alimentaire que l'on retrouve dans la majeure partie des jambons bio sous plastique. Les produits laitiers bio ne contiennent pas plus d'oméga-3 que les autres. Néanmoins, le bio constitue pour l'heure la seule réponse d'envergure à un régime hypotoxique.

Le problème du bio est aujourd'hui son prix et son accessibilité. En passant à plus de 80 % au bio, le prix de mon panier moyen a augmenté de près de 20 %. J'ai la chance de pouvoir faire ce choix qui risque cependant de demeurer l'apanage des 10 % de gens les plus aisés, dans le contexte de la crise économique que nous connaissons depuis quelques années. Je passe presque tous mes week-ends dans le Loir-et-Cher. Il n'y a aucun magasin bio dans un rayon de 40 kilomètres. À la différence de Paris, où se multiplient les enseignes bio. Au supermarché, je vois des caddies remplis de produits tout préparés (avec leur lot de conservateurs et de graisses saturées), de sodas, de produits hyperglycémiques, sans un légume, sans un fruit.

La lutte pour une alimentation plus saine accessible au plus grand nombre constitue l'un des enjeux de santé publique des prochaines décennies. Aux États-Unis, Michelle Obama a déjà fait de la lutte contre l'obésité un pan majeur de son action. En Chine, où la population s'est convertie à la *junk food* internationale, le nombre d'enfants obèses a été multiplié par huit depuis 1985.

Les tenants de l'agriculture intensive opposent souvent la capacité à fournir une alimentation dénuée de pesticides et conservateurs et la capacité à nourrir toute la planète dans les cinquante prochaines années. Pourtant, certains agronomes, comme Jacques Caplat[1], défendent l'idée d'une agriculture biologique qui offrirait les mêmes rendements que l'agriculture traditionnelle, en passant de la monoculture à un maraîchage plus diversifié.

Si les décideurs politiques, les acteurs de l'agroalimentaire et les distributeurs ont tous un rôle critique à jouer pour transformer en profondeur les standards de l'industrie, chaque consommateur peut contribuer à son échelle à amorcer le changement. D'abord en s'informant sur les bases d'une alimentation saine, puis en modifiant ses habitudes alimentaires et en éduquant ses enfants dans ce sens. En résistant enfin aux sirènes des produits toujours plus onctueux, plus savoureux, plus rapides à préparer…

L'exercice physique

L'activité physique diminue les risques de récidive en éliminant les agents toxiques qui s'accumulent dans le corps et fragilisent le système immunitaire.

Avant d'être malade, en raison d'un agenda surchargé, j'avais relégué le sport au second plan. Et je trouvais toutes les excuses pour l'y maintenir : la complexité de pratiquer un sport à Paris, la priorité de faire bénéficier mes enfants de mon temps libre… Quelle erreur ! Il aura fallu les conseils des médecins et le livre de David Servan-Schreiber pour me remettre sur le droit chemin. Deux ou trois heures de piscine par semaine, le soir ou à l'heure du déjeuner, une demi-heure de course grappillée par-ci, par-là… Avec

1. Jacques Caplat, *L'Agriculture biologique pour nourrir l'humanité*, Actes Sud, 2012.

un peu d'organisation et de volonté, la pratique du sport n'a rien d'un parcours du combattant.

Malheureusement, le sport est trop souvent vu comme une obligation sociale, un impératif catégorique, relayé par un phénomène de mode, qui draine des millions de gens dans les salles de sport et dans les marathons : il faut conserver un corps musclé, il faut éviter les rondeurs disgracieuses, il faut faire un jogging le week-end, il faut participer au marathon de New York, de Paris, de Berlin... Et cette obligation de sport devient, paradoxalement, un facteur de stress supplémentaire.

Mon propos est ici d'inciter plutôt à une pratique adaptée du sport. Le corps n'a pas besoin de grands exploits, mais d'un entretien régulier pour enlever les toxines de l'organisme et stimuler le système immunitaire. C'est ce que j'ai redécouvert avec la maladie. J'ai maintenant envie de choyer mon corps. Et je comprends aujourd'hui que le sport est l'un des premiers soins à lui apporter !

J'ai renoué pour cela avec une de mes amours de jeunesse : la natation. Durant l'été de ma chimiothérapie, je rêvais de pouvoir plonger mes cheveux dans l'eau. Et dès que je le peux maintenant, pendant la semaine, je vais dans une piscine proche de mon bureau et je nage pendant une heure. J'ai eu aussi la chance de pouvoir nager dans l'océan Indien pendant l'hiver. Quel plaisir intense de sentir contre son corps la force du courant, de lutter pour avancer contre les vagues, la tête plongée dans l'eau, et d'avaler l'eau salée ! La natation fait travailler en profondeur l'ensemble des muscles et laisse une impression de repos pendant quelques jours.

En complément, je pratique de manière plus régulière la course à pied. Courir est tonique et présente l'avantage de se pratiquer partout. À Paris, à la campagne, chez des amis... Pendant dix, trente ou quarante-cinq minutes.

C'est un sport qui me permet de lutter de manière très concrète contre les angoisses de la rechute. Car l'un des premiers symptômes du lymphome est l'essoufflement en cas d'effort. Alors, quand j'ai l'impression que mon souffle est court, je vais courir dix minutes. Dès les premières foulées, je suis rassurée. En courant, je ne cherche pas à brûler des graisses pour perdre quelques kilos superflus, mais à sentir la vie en moi, à retrouver une énergie vitale.

Une rééducation à la vie

Connais-toi toi-même

La maladie m'a fait prendre conscience que je suis unique, irremplaçable. Avant de connaître avec précision le diagnostic, avant de savoir que j'avais plus de trois mois à vivre, j'ai imaginé le monde sans moi. Bien sûr, le plus dur était d'imaginer mes deux petites filles, mon mari, ma famille sans moi. Cela me révoltait pour eux. Mais (heureusement) je n'ai pas eu besoin d'avoir un cancer pour savoir que, pour eux, je suis irremplaçable.

Non, c'est plutôt sur ma place dans le monde que je me suis aperçue que je suis unique et que, si je disparaissais, plus jamais il n'y aurait, sur cette terre, de Madeleine, fille de Jean-Marie V. et de Brigitte F.

J'ai mesuré que ma vie ne se passerait qu'une fois. Cette prise de conscience est vertigineuse. Elle me donne envie de lutter pour ma survie. On entend souvent dans la sphère professionnelle que « personne n'est jamais irremplaçable » : avec l'appréhension de ma propre disparition, j'ai compris que ce genre de maxime a été inventée pour ne pas donner à l'individu trop de poids dans une organisation – ce qui permet difficilement aux personnes de s'épanouir dans une entreprise.

Cette prise de conscience a profondément transformé ma manière de travailler. J'encadre de façon complètement différente. Je n'essaie plus d'appliquer un modèle unique de management, je fais plus attention à la personnalité de mes collaborateurs pour tirer le meilleur parti de leurs qualités et travailler sur leurs défauts. Parce qu'ils sont uniques et méritent d'être traités comme tels, et non comme de simples exécutants.

Cette prise de conscience m'a donné l'envie d'entreprendre des choses que je suis seule à pouvoir faire. J'ai compris à quel point le monde a besoin d'individus qui s'engagent, qui expriment leurs convictions. Car c'est ainsi qu'un monde se forge. Je n'ai jamais pris autant de nouvelles initiatives au travail, de mon propre chef, que depuis que je suis rentrée de congés maladie. Ce livre, je l'ai écrit car je me suis aperçue qu'il n'en existait pas de semblable et que ce projet, unique, pouvait apporter beaucoup aux personnes souffrant d'un cancer.

J'avais tendance auparavant à vouloir reproduire un modèle, appliquer des codes. Ma mère nous avait toujours dit que nous avions de grandes choses à accomplir dans notre vie. Sa vision m'a aidée jeune à me construire, puis, en devenant adulte, je me suis dit que c'était une vision romantique de la vie, que tout cela était bien joli mais que la réalité était tout autre. Qu'il fallait avant tout être pragmatique, qu'il fallait arrêter de rêver aux grandes choses que je pourrais accomplir, qu'il valait mieux adopter la stratégie des petits pas, beaucoup plus payante. En entrant dans la vie professionnelle, je me suis dit que le plus important était surtout d'être efficace, d'être à sa place, de contribuer au mieux au bon fonctionnement d'une organisation.

Et je me suis mise à courir, courir, courir, comme un hamster dans sa roue, sans m'arrêter pour me demander parfois le sens de tout cela. Je ne regrette rien de mon parcours aujourd'hui. Mais la maladie m'a fait prendre de la distance par rapport au culte de l'efficacité. Je l'ai remise à sa place, dans la sphère professionnelle et là où elle a du sens. J'ai appris à refuser des échéances, des tâches absurdes. J'ai appris à prendre du temps au travail : le temps de la réflexion, le temps du développement personnel, celui de mes collaborateurs et le mien. Cette grande épreuve m'a fait renouer avec mes aspirations profondes, même si elles ne s'alignent pas toujours avec le modèle de l'efficacité maximale.

Prosaïquement, le cancer a été un peu comme un profond bilan de compétences ! J'ai compris ce que j'aime faire (lire, écrire, prendre mon temps...), j'ai compris ce avec quoi je n'accepte pas de transiger (dans les comportements, dans les paroles), j'ai pris conscience de ma valeur.

Les temps modernes

Grâce au cancer, j'ai aussi appris que la vie ne doit pas toujours répondre à une logique productiviste, je sais désormais qu'elle est bien plus qu'une simple performance. Je suis entrée jeune dans une voie professionnelle exigeante, centrée sur la recherche continue de l'efficacité. En quelques années, je suis devenue une Wonder Woman de la productivité – tant dans mon travail que dans ma vie personnelle. Mon challenge quotidien au travail était d'abattre le maximum de tâches en un minimum de temps, de faire tout plus vite. Puis j'ai appliqué cette logique à ma vie personnelle. À six mois de grossesse, il m'arrivait de me coucher à 2 heures du matin pour finir une présentation professionnelle et de me lever à 6 h 30 pour pouvoir accompagner ma fille à la crèche ; j'embrayais ensuite avec un rendez-vous de clientèle à 8 heures et je continuais à travailler, à courir toute la journée… Cela m'amusait de pouvoir faire tant de choses, de pouvoir faire endurer tout cela à mon corps, et je recommençais autant de fois que je le pouvais. J'abattais le maximum de tâches, de façon mécanique, un peu à la manière de Charlot dans *Les Temps modernes*, qui visse des boulons sans trop savoir pourquoi ! J'étais entraînée dans la course folle de la recherche de productivité. Ma vie était une longue liste de choses à faire.

Lorsque j'ai su que j'étais malade, j'ai été obligée de m'arrêter, de prendre enfin le temps de vivre. J'ai hésité un instant à continuer à travailler, mais les médecins me l'ont fortement déconseillé, ou tout au moins que pour le « plaisir », quand j'en aurais « envie ». Alors a commencé pour moi l'une des périodes les plus sereines de ma vie. J'ai enfin ralenti le rythme. J'ai imposé mon propre tempo au lieu de le subir. J'ai pu passer du temps avec ma famille, mes amis les plus proches et, là, j'ai réalisé que j'avais assez mal employé mon temps jusqu'à présent.

Avant de commencer le traitement, je suis allée à Giverny, dans la maison de Claude Monet, avec ma mère, ma meilleure amie et nos deux filles de 3 ans. C'était une très belle journée d'avril. Il y avait une exposition des œuvres de Pierre Bonnard. Nous avions la journée pour nous. Ce fut, pour moi, une journée extraordinaire, au sens propre du terme, en dehors du temps, de l'ordinaire. Un concentré des belles choses de la vie : les œuvres ensoleillées de Bonnard, les parterres de fleurs printanières dans le jardin, un déjeuner en terrasse avec ma mère et ma meilleure amie. Et j'étais là, uniquement pour en profiter avec elles.

Carpe diem

La maladie m'a fait goûter à nouveau tous les sentiments et toutes les sensations qui nous font nous sentir vivants. Quelques jours après avoir appris que je souffrais d'un cancer, nous sommes partis une semaine en vacances, avec mon mari et mes deux filles. Je ne connaissais pas encore précisément ni le stade ni le type de mon cancer, mais je savais à ce moment-là que je ne serais pas condamnée à une mort foudroyante, qu'il me restait donc encore du temps à vivre et que je pourrais encore accompagner mon mari et voir grandir mes filles.

Cette semaine de vacances fut la plus belle de ma vie. J'ai apprécié chaque moment de vie qui m'était offert : le spectacle sublime des montagnes, la douceur d'une promenade dans un vallon en fin de journée, entre les pâturages qui verdissaient et des chalets en bois dignes d'Heidi, un café au soleil, le sourire de Camille à qui j'achetais un nouveau vêtement, les efforts guerriers de Juliette pour franchir la marche qui allait de l'appartement à la terrasse, une soirée blottie contre mon mari, le premier rayon de soleil que l'on aperçoit en ouvrant l'œil…

J'avais tellement appris à m'oublier, pour être la plus efficace possible, pour correspondre à un modèle, que j'ai dû me demander quels étaient ces instants qui me faisaient me sentir vivante, mes « instants de vie ».

Je les ai redécouverts et je les cultive maintenant. Il y a les moments de joie esthétique, les moments de communion avec les autres, les moments de dépassement de soi, mais aussi les moments de sérénité simple, presque contemplative. Les œuvres des primitifs italiens à l'Académie de Venise, les toiles de Rothko, celles de Poussin, les œuvres flamboyantes de Bonnard et de Nicolas de Staël, les ballets contemporains, la *IXe Symphonie* de Béjart[1], *Blanche Neige* d'Angelin Preljocaj, *Caligula* de Nicolas Le Riche, les cantates de Bach, la musique sacrée de Mozart : la découverte de ces œuvres avait toujours été impromptue, imprévue, finalement. Adolescente, je les recherchais. Adulte, une fois dans la grande broyeuse de l'efficacité, je me suis laissée aller progressivement à la simplicité des séries télévisées, des magazines et de tous les produits du business culturel. La maladie m'a redonné une immense soif culturelle : j'ai rendu mon cerveau à nouveau disponible. Je retourne au théâtre, à l'opéra, aux concerts, je renoue avec moi-même et avec une exigence que le monde actuel essaie trop souvent de remplacer par de la surconsommation.

Ce sont les moments de communion avec les autres qui me donnent la plus grande sensation d'être en vie. Ils sont aussi variés que les relations humaines : des instants de jeu avec mes filles, où je suis réellement présente, où mon esprit n'est pas distrait par d'autres pensées, les dialogues authentiques avec des proches où chacun écoute, dans le respect de la pensée de l'autre, essaie de comprendre, se livre, exprime ses convictions…

---

1. Musique de Beethoven, chorégraphie de Maurice Béjart.

La maladie m'a enfin ramenée au bonheur de l'écriture. M'étant plongée jeune dans les livres, j'en avais acquis le goût d'écrire, que j'ai toujours considéré comme un exercice divertissant d'introspection ; je m'adonnais tout à la fois à la joie de l'analyse intérieure, et à celle de m'exprimer par la recherche de jolies formules. Je noircissais des carnets, je m'essayais à la poésie... Peu à peu, j'ai tout laissé de côté, je n'avais plus le temps, ce n'était plus une priorité dans une vie remplie de mille futilités. En m'obligeant à m'arrêter, à redécouvrir les vrais liens qui m'attachent à la vie, cette épreuve m'a aidée à retrouver le plaisir de la rédaction. Ce livre en est le fruit.

N'ayons pas peur

Cela fait maintenant plus d'un an que j'ai terminé ma chimiothérapie ; médicalement, je suis toujours en rémission. Je ne serai guérie qu'en 2016, cinq ans après ma cure. Lorsque l'on me demande comment je vais, une expression me paraît refléter parfaitement mon état d'esprit et de santé : « *So far, so good*[1] ». Oui, je vais bien. Mais je sais que le cancer peut revenir à tout moment, brusquement, comme il est apparu un soir de mars 2011, alors que je ne l'attendais pas.

Je vais bien parce que je me sens plus forte aujourd'hui. Grâce à ce revers, j'ai appris à aimer profondément la vie. J'ai compris ma valeur, mon incommensurable valeur. Tout simplement parce que je suis unique, irremplaçable, comme chacun d'entre nous. J'ai ainsi compris qu'il n'appartient qu'à moi d'exprimer ce que je suis et de faire entendre ce que je crois. Qu'il est vain de passer sa vie à essayer de ressembler à un modèle ou à se conformer à une norme sociale. Je sais maintenant que la vie recèle mille choses qui en font toute la saveur et que le bonheur

1. En anglais : « Jusque-là, tout va bien. »

procède de l'attention chaque jour renouvelée à ces mille petits riens. Certains soirs, je m'allonge aux côtés de ma fille Camille, et nous nous racontons ce que nous avons préféré dans notre journée. C'est un joyeux moment de détente, d'apaisement et d'introspection partagé, qui force à s'élever au-dessus des petites frustrations et des petits énervements de la journée.

Je me sens plus forte aujourd'hui parce que je connais maintenant les techniques qui me conviennent pour soigner mon corps et mon esprit : une heure de natation, trente minutes de course à pied, une pause dans un café au milieu de la journée, le qi gong, la lecture, l'écriture, la psychothérapie… Je sais que j'ai encore à découvrir et à expérimenter d'autres techniques et ce chemin constitue en lui-même une belle perspective. Je suis curieuse de tout : des nouveaux aliments, des approches de développement personnel, de l'avancée des savoirs sur l'univers, sur le cerveau et sur la vie en général… La curiosité est en elle-même porteuse de vie.

Je me sens plus forte parce que j'ai recentré mon action autour des choses qui me paraissent essentielles : la construction d'une société juste, respectueuse des hommes et des femmes qui la composent, axée sur un progrès réfléchi et non destructeur ; ma contribution à l'épanouissement des autres, dans la sphère familiale et professionnelle, la transmission de mes convictions, le partage de moments heureux avec mes proches…

Je me sens plus forte car, si je rechute, je sais maintenant que le cancer se combat bien ; j'essaierai de le vaincre avec autant de hargne qu'au premier épisode et avec toutes les armes que j'ai découvertes et que je sais manier. J'ai eu la chance de savoir, dès le début du traitement, que les chances de rémission étaient bonnes, et de me « remettre » rapidement – puisque je ne peux pas encore me considérer comme complètement guérie. J'espère que j'aurai autant de force si je dois affronter une maladie plus grave ou si l'un de mes proches en est atteint.

Le cancer est un des paradoxes de nos sociétés. Il se développe de plus en plus, à cause notamment d'une alimentation saturée de conservateurs et de pesticides, à cause d'un culte de la performance qui s'étend à toutes les sphères de la vie et qui nous soumet à un stress permanent sous le fallacieux prétexte de l'efficacité maximale. Le développement rapide du cancer dans les sociétés riches doit entraîner une profonde remise en cause de notre modèle de société, où la recherche du profit ne s'accorde souvent plus avec les impératifs de santé publique ni avec l'épanouissement des individus. Il n'y a pas un responsable mais une multiplicité de responsables plus ou moins coupables (et j'en fais partie). Actuellement, la somme de nos intérêts (achat de produits peu chers, augmentation du pouvoir d'achat, augmentation des marges, diminution des coûts) constitue un cercle vicieux où la santé et l'épanouissement individuel sont relégués au second plan et considérés comme des contraintes et non comme une des finalités du système.

La société vit dans la terreur d'un mal qu'elle porte en elle. Comme le héros du dernier roman de Philip Roth, *Némésis*, qui soigne les enfants atteints de la polio tout en étant lui-même porteur sain.

Jamais société n'aura autant combattu le cancer : le livre du Dr Servan-Schreiber a largement dépassé le lectorat des malades, les magazines féminins nous donnent toutes les semaines des conseils sur les meilleurs aliments pour éviter le cancer. Les dépenses publiques allouées à la recherche sur le cancer se sont élevées en France à 732 millions d'euros dans le cadre du Plan cancer II[1] et le coût global de la prise en charge de la maladie s'élèverait à 14 milliards d'euros par an. Il est en augmentation constante[2].

N'ayons pas peur de ce mal contemporain. Parce que lorsque l'on est atteint d'un cancer, on peut vivre avec. Parce que toutes les formes de cancer se guérissent de mieux en mieux, grâce à la recherche médicale. Dans quelques années, les trop nombreux enterrements de jeunes gens atteints du cancer ne seront plus qu'un mauvais souvenir. N'ayons pas peur. « Espérer, c'est être heureux[3]. »

---

1. 2009-2013 (http://archives.gouvernement.fr/fillon_version2/gouvernement/le-plan-cancer-ii.html).

2. Jean-Jacques Denis, *La Lutte contre le cancer. Surmonter les cloisonnements*, Centre d'analyse stratégique, 2009, p. 13.

3. Alain, *Propos sur le bonheur*, Gallimard, 1925.

III

Épilogue

Pourquoi ce livre ?

Cette histoire, double, est la nôtre, celle de Reine et de Madeleine, nos deuxièmes prénoms, et dans la vie, Isabelle Denervaud et Isabelle Viennois.

Nous avons, Madeleine et moi, doucement donné forme à ce projet d'écriture, pour suspendre le temps encore une fois. Nous nous connaissons depuis huit ans et avons évolué ensemble dans l'univers du conseil. J'y étais directeur associé, et Madeleine jeune *senior manager*, dans le même cabinet… et dans la même équipe. Au fil du temps s'est tissée entre nous une belle relation humaine, croisant professionnel et personnel, et qui soudainement a pris une nouvelle dimension. En nous donnant l'occasion de partager nos tourments, plus ou moins avouables, la maladie a créé entre nous une proximité encore plus forte. Elle nous a permis de composer avec une palette de sentiments à faire pâlir Baudelaire et Chateaubriand, allant de l'angoisse (tsunami de l'annonce, peur de la mort, temps qui s'arrête) à la combativité (conscience accrue de son corps et de son esprit, nécessité de trouver des antidotes aux effets secondaires), et du rire aux larmes !

Ces deux années ont formé un terreau propice à renouveler et réenchanter notre belle complicité amicale et notre empathie mutuelle. Les parallèles de nos vies sont à la fois criants, paradoxaux et improbables. Nous sommes toutes deux jeunes mamans, nous avons toutes deux perdu l'un de nos parents jeunes, nous sommes issues de familles catholiques et nombreuses. La maladie a poursuivi la construction de ces passerelles ténues et intangibles entre nos deux vies.

Quelle drôle d'idée de juxtaposer nos deux récits ! D'aucuns nous ont dit et répété que nos cancers ont été si différents qu'il était étonnant de vouloir raconter ces deux histoires dans un ouvrage à quatre mains. C'est vrai… et finalement pourquoi pas ?

Cette croisée entre nos deux expériences a été un baume au cœur, une once de courage supplémentaire pour revenir sur des souvenirs difficiles, une longue série d'échanges pour refaire le monde et mieux accompagner nos enfants encore petits, eux qui n'avaient rien demandé. Il a fallu aussi une dose d'imagination pour nous projeter dans l'avenir alors que ces épreuves nous obligent à vivre au jour le jour.

Cette connivence a commencé avec l'appel émouvant de Madeleine, le 18 mars 2011, pour m'annoncer son lymphome d'une voix ferme et fragile à la fois. J'ai tout d'abord été infiniment touchée de sa confiance, j'ai aussi senti sa détresse, qui avait été la mienne quelques mois plus tôt. Ironie du sort ou destin, son appel a coïncidé avec le jour précis de ma dernière chimiothérapie, dont j'étais sortie une heure plus tôt. Je me taisais depuis si longtemps. J'avais caché ma maladie au vu et au su de tous.

Cette nouvelle connivence a pris forme autour de ce verre que nous avons pris ensemble le 31 mars 2011, ce soir où j'ai fait taire ma crainte d'en parler à une personne de notre entreprise, à une personne de mon équipe, pour laisser une place à la confiance et à la solidarité, où j'ai annoncé à Madeleine que nous vivions les mêmes affres.

Elle a aussi pris la forme de ce samedi matin ensoleillé, quelques semaines plus tard, où nous nous sommes retrouvées dans une brasserie parisienne, près du rond-point des Champs-Élysées, aux aurores, juste avant que je présente Madeleine à Karine, ma coiffeuse, qui m'accompagnait déjà dans ces moments délicats et qui est ensuite devenue aussi sa coiffeuse.

La forme de tous ces moments partagés au boulot, pendant quelques missions clients, où nos regards s'échangeaient et se communiquaient leur empathie mutuelle. La perruque, les ongles, le souffle court, les mucites, les pieds douloureux. Nos souffrances se sont dressées comme un lien d'une force incommensurable entre nous.

Puis, la forme de nos *tea time*, aux détours des plus belles terrasses parisiennes puis bandolaises. Moments où nous imaginions notre fil rouge, nos chapitres, notre témoignage et ce récit à quatre mains.

Nous avons vécu cette expérience de manière très différente… Ces différences font aujourd'hui partie de notre force et de la richesse de nos échanges.

Partageons l'improbable. Échanger, rire, discuter avec légèreté de la souffrance, de la maladie, a été pour nous deux d'un grand réconfort. Car cette complicité nous a aidées à évoluer, à nous reconstruire, et à faire aujourd'hui de nous des femmes, des mères et des épouses en rémission, marquées à jamais par le sceau du cancer et heureuses d'être en vie, tout simplement.

Témoignant de cette expérience de vie, nous pourrons aider ceux qui passeront par ce chemin, pour que, au-delà du sentiment de solitude, ils connaissent aussi des moments d'émotion, qu'ils se reconstruisent, qu'ils se réconcilient avec eux-mêmes, et qu'ils se projettent enfin dans un avenir meilleur.

IV

Regards croisés

Regards d'experts sur la maladie du siècle

Un cancer se combat grâce une multitude de disciplines : celles de la médecine conventionnelle (oncologie, hématologie, radiologie, chirurgie...), mais aussi celles des médecines complémentaires ou non conventionnelles, qui aident à mieux vivre avec le cancer, voire à le dépasser (acupuncture, naturopathie, kinésithérapie...).

Au-delà de nos deux regards de patientes, nous avons souhaité apporter la vision des spécialistes qui sont au cœur de ce combat et qui accompagnent au quotidien les personnes malades.

À travers ces « regards croisés », ces spécialistes présentent leur discipline et apportent leurs conseils aux patients et à leur famille. Ces regards ne sont certainement pas exhaustifs, ils sont ceux des experts qui nous ont si bien accompagnées et que nous remercions infiniment d'avoir accepté de se prêter à cet exercice.

Dr Didier Bourgeois, chirurgien oncologue

Le Dr Didier Bourgeois est chirurgien sénologue et cancérologue à l'Institut du sein Henri-Hartmann à Neuilly-sur-Seine. Il est très actif aux côtés de l'association Objectif Cambodge[1]*, qui travaille à l'amélioration des soins dans ce pays.*

Pouvez-vous nous présenter votre spécialité ?

Je la présenterai sous la forme d'une image : je suis chirurgien spécialisé dans la prise en charge des cancers du sein et je rame dans le même bateau que mes collègues médecins oncologues qui conduisent les traitements de chimiothérapie et de radiothérapie, afin d'amener à bon port nos patientes.

Quels sont les apports de votre spécialité au traitement des cancers ?

En tant que chirurgiens sénologues, nous prenons en compte à la fois la sécurité cancérologique, mais aussi le résultat esthétique. Nous avons toujours cherché une désescalade sur le plan chirurgical : mastectomie, tumorectomie, cicatrice astucieusement placée dans la zone péri-aréolaire... Le fait de pouvoir détruire une tumeur avec sécurité en laissant le minimum de traces ou de cicatrices est très intéressant.

Quelle est la réalité du cancer vue par votre spécialité aujourd'hui ?

Nous avons réalisé d'énormes progrès dans tout ce qui concerne la reconstruction mammaire ou les techniques dites d'oncoplastie. Au traitement central, à l'acte chirurgical qui consiste à retirer la tumeur, nous ajoutons désormais un souci d'esthétique, jugé superficiel autrefois, mais aujourd'hui considéré comme essentiel dans la

1. www.objectifcambodge.org

reconstruction psychologique de la patiente atteinte d'un cancer du sein. Nous sommes enfin sortis du complexe judéo-chrétien d'en rester à la guérison pure et simple pour y ajouter une touche finale esthétique : on peut faire bien et beau, ce n'est pas antinomique !

Quelles recommandations pourriez-vous faire aux patientes et à leur famille ?

Celle, ardue, difficile, d'accepter sa maladie. Le jour où l'on accepte sa maladie, on est plus fort, on la met à distance et le regard que l'on pose sur soi change. N'hésitez pas à poser toutes les questions qui vous passent par la tête à votre médecin, même les plus incongrues, les plus franches ou les plus naïves, afin de lever les non-dits qui peuvent exister et afin d'établir une relation de confiance avec vos médecins.

Le rôle de l'entourage est évidemment primordial tant ce bouleversement peut raviver des plaies, ou cristalliser des conflits larvés dans le couple ou au sein de la famille. Les proches ont la mission de trouver un savant équilibre entre l'empathie, la distance, une bienveillance et une certaine neutralité. Mais il est délicat de donner des conseils ou des impératifs tant chaque patiente est différente et nous parvient avec son histoire, son ressenti. Et puis, on peut se faire aider, via une thérapie familiale, si on en ressent le besoin. Tous les moyens sont bons pour soulager et épauler la patiente dans ce moment à vif de sa vie.

Dr Philippe Jeannin, médecin acupuncteur

Le Dr Philippe Jeannin est médecin acupuncteur, chargé d'enseignement à la faculté de médecine de Paris-XI-Sud, responsable du département de cancérologie-acupuncture et ancien président de l'EFA-ASMAF (école française d'acupuncture et association scientifique des médecins acupuncteurs français).

« Je redonne aux patients le sourire. »

Pouvez-vous nous présenter votre spécialité ?

L'acupuncture est reconnue par la faculté de médecine depuis 1974. Il existe un diplôme d'État d'acupuncture. Notre rôle est scientifiquement prouvé.

J'ai mis au point mes premiers protocoles d'acupuncture en cancérologie dès 1987, qui se sont affinés au fil des années. Si, pour guérir, rien ne pourra remplacer la médecine conventionnelle, l'acupuncture est un outil très complémentaire.

Quels sont les apports de votre spécialité au traitement des cancers ?

En matière de cancérologie, nous neutralisons 80 % des effets secondaires des chimiothérapies comme les nausées, les vomissements, les douleurs ou les aphtes, hormis la chute des cheveux. Pendant une radiothérapie, la peau ne change pas, n'est pas brûlée et les patients sont nettement moins fatigués. Le troisième volet est l'hormonothérapie : deux femmes sur trois subissent des bouffées de chaleur, des prises de poids, des troubles de l'humeur et du sommeil pendant ce traitement hormonal. L'acupuncture leur apporte l'équilibre, élément central du bien-être. Les femmes ne sont ni en surrégime ni déprimées. Ce rééquilibrage du système nerveux évite les déviations métaboliques. Nous obtenons des résultats spectaculaires à raison d'une seule séance toutes les quatre à six semaines. De plus, nous soutenons l'immunité, les leucocytes et les plaquettes. C'est la partie mesurable que les cancérologues sont de plus en plus nombreux aujourd'hui à prendre en compte. L'acupuncture rend à ces patientes sourire et joie de vivre, leur chimiothérapie ne tournant pas au cauchemar annoncé.

Nous avons au final une action d'« amortisseur » et un rôle de soutien psychologique tout en allégeant la facture chimique du patient (on évite ainsi la prise de médicaments anti-diarrhées, anti-nausées, ceux qui soulagent les brûlures, etc.).

En tant que spécialiste de la question depuis plus de vingt-cinq ans, je m'adapte à chaque type de thérapie : je ne réalise pas le même protocole pour un cancer du sein que pour un cancer du pancréas. Je fais du sur mesure.

Quelle est la réalité du cancer vue par votre spécialité aujourd'hui ?

Ce que j'ai pu remarquer, c'est le changement d'attitude des patients vis-à-vis de leur maladie : ils adoptent une démarche moins fataliste et moins passive qu'autrefois et sont plus dans l'initiative. Ils se renseignent sur Internet et tombent sur des pistes de solutions complémentaires au traitement, comme l'acupuncture. Deux fois sur trois, c'est le patient qui prend l'initiative de venir nous voir. Internet a beaucoup aidé à cette révolution surtout depuis que l'on trouve sur certains sites une information médicale vraiment sérieuse.

Quelles recommandations pourriez-vous faire aux patients et à leur famille ?

Être réaliste par rapport au cancer. Même si on guérit de plus en plus du cancer, il ne faut pas aller dans le sens inverse. Il ne s'agit pas d'une pathologie anodine. Ce n'est pas une grippe ! C'est toujours un choc émotionnel pour les patients, et ça l'est aussi pour l'entourage, qui réagit parfois de manière très dure à l'annonce de la maladie. C'est normal. Les conséquences sociales peuvent être dévastatrices. J'ai été témoin de séparations, de divorces, de licenciements... Donc, tout en restant combatif, il faut accepter que le moral ne soit pas au beau fixe tous les jours. Et se reposer sur les proches, les amis les plus costauds moralement !

Pr Catherine Thieblemont, hématologue

Le Pr Catherine Thieblemont est chef du service d'hémato-oncologie de l'hôpital Saint-Louis à Paris (réseau AP-HP, Assistance publique – Hôpitaux de Paris).

Pouvez-vous nous présenter votre spécialité ?

Je suis hématologue, hospitalo-universitaire, c'est-à-dire que mon temps est partagé entre le métier de médecin auprès de patients atteints de cancers – des lymphomes – et le métier d'enseignant-chercheur, avec la mise en œuvre de projets de recherche tout en enseignant mon savoir à des jeunes médecins. Mon travail quotidien auprès des patients est d'expliquer ce qu'est la maladie et en quoi va consister le traitement, et de mener à bien ces traitements.

Quels sont les apports de votre spécialité au traitement des cancers ?

Le traitement du cancer a énormément évolué, notamment grâce à l'arrivée sur le marché des traitements ciblés, que l'on associe à la chimiothérapie classique. Les traitements ciblés, comme leur nom l'indique, visent directement la cellule tumorale au contraire de la chimiothérapie qui a un impact plus global sur toutes les cellules qui prolifèrent. D'où les signes visibles de sa toxicité : au niveau des muqueuses, des cheveux… Depuis dix ans, les traitements ciblés ont permis d'énormes progrès. Ils sont à la fois plus efficaces et moins toxiques.

Quelle est la réalité du cancer vue par votre spécialité aujourd'hui ?

Le cancer continue de faire peur, il ne faut pas le nier. Mais dédramatisons la maladie. Il faut insister sur le fait que nous avons beaucoup amélioré la tolérance au traitement par chimiothérapie. Les patients ne vomissent plus, car nous avons fait des progrès aussi sur les traitements de support des chimiothérapies. Nous obtenons par ailleurs une meilleure efficacité des chimiothérapies avec une augmentation des durées de réponse. On voit même des guérisons de certains lymphomes.

Mais le nerf de la guerre pour une meilleure prise en charge des patients, c'est bien sûr le financement : tant pour la logistique quotidienne que pour les travaux de recherche. Le soutien à la recherche se fait principalement par l'Institut national du cancer, dont le comité scientifique sélectionne et finance chaque année les meilleurs projets de recherche.

Ces financements peuvent se faire aussi via des donations privées. Il faut souligner les efforts d'une association de patients, France Lymphome Espoir, fondée par un patient, M. Guy Bouguet. Cette association collecte des fonds privés afin de soutenir la recherche et a déjà financé deux projets de recherche en 2012.

Quelles recommandations pourriez-vous faire aux patients et à leur famille ?

Qu'ils ne soient pas effrayés par la maladie. On entend encore en consultation : « Est-ce que c'est contagieux ? » Certains patients ont peur de transmettre leur maladie à leurs enfants. Or, au regard des connaissances actuelles, nous savons que si certains gènes peuvent en effet augmenter le risque d'apparition de certains types de cancer, ce n'est pas le cas pour le lymphome !

Une autre chose importante : c'est l'entourage du patient. Parfois, nous sommes amenés à rencontrer des patients qui se trouvent être dans un très grand désert affectif. Il est important de pouvoir parler de sa maladie. Le médecin traitant joue aussi un rôle crucial dans la prise en charge du cancer. Il apporte une aide, un relais indispensable par rapport à l'hôpital. Certains patients ont recours à des méthodes qui nous viennent d'Asie (yoga, acupuncture, qi gong...), qui permettent une réflexion sur soi et qui aident à surmonter les effets secondaires du traitement. Pourquoi pas ?

À noter, enfin, que, contrairement à une idée reçue, le moment de la rémission est un passage difficile pour les patients. Après avoir été l'objet de tous nos soins pendant quelques mois, ils se retrouvent livrés à eux-mêmes. Il est alors souvent nécessaire d'avoir un suivi psychologique à ce moment-là.

Au sein du pôle de Saint-Louis, nous réfléchissons d'ailleurs à proposer un tel suivi au moment où les patients sont libérés de tout traitement.

Dr Jean Juras, radiologue

Le Dr Jean Juras est radiologue, spécialisé dans l'imagerie de la femme et fondateur du Centre d'imagerie médicale Juras. Depuis le début de son activité, en 1979, le Centre n'a cessé de se développer, offrant aux patients les techniques, le savoir-faire et l'écoute adaptés aux attentes de chacun.

« Mon but : établir un diagnostic le plus tôt possible. »

Pouvez-vous nous présenter votre spécialité ?

Le hasard de la vie m'a fait fréquenter le plus grand service de gynécologie parisien, si bien que j'ai très rapidement orienté mon activité de radiologue vers la radiogynécologie :

– dépistage du cancer du sein ;
– exploration des stérilités ;
– exploration des prolapsus et des incontinences.

Quels sont les apports de votre spécialité au traitement des cancers ?

Le but de ma spécialité est d'établir un diagnostic précoce, le plus tôt possible, afin que la chance de survie soit plus grande et la pénibilité du traitement moindre.

Quelle est la réalité du cancer vue par votre spécialité aujourd'hui ?

Dans les années 1970-1980, le cancer était une maladie honteuse. Le diagnostic tombait comme un couperet et signait presque un arrêt de mort des patients. Ce n'est plus le cas aujourd'hui, le sujet n'est plus tabou, et chacun a dans son entourage proche une personne qui souffre ou qui a souffert de cette maladie.

L'autre point à souligner est que l'on détecte davantage de cancers grâce, entre autres, aux campagnes de dépistage. Il y aurait même une tendance à la « surdétection » à cause du principe de précaution. C'est-à-dire que l'on traite des cas qui n'auraient jamais évolué en cancers. Et puis, on vit beaucoup plus vieux.

Bonne nouvelle : le traitement du cancer du sein est devenu de moins en moins lourd pour les patientes. Les traitements les plus fréquents se basent sur le retrait de la tumeur suivi d'une radiothérapie bien ciblée. Les femmes continuent à vivre presque normalement durant leur traitement. La femme peut, avec le traitement conservateur, mener une vie normale. Simplement, l'enjeu aujourd'hui pour les femmes atteintes d'un cancer du sein est de connaître la bonne filière de spécialistes afin de bénéficier du meilleur traitement.

Quelles recommandations pourriez-vous faire aux patientes et à leur famille ?

D'abord, il faut essayer de comprendre pourquoi le cancer est là. Parfois, ce n'est pas dû au hasard. On peut en tirer des conséquences positives. Car si on sait pourquoi on a développé un cancer, on peut mieux discerner comment en guérir. À partir de cette analyse, il faut en parler autour de soi, à ceux qui sont bienveillants, et si les proches et la famille sont réceptifs, alors le traitement a évidemment plus de chance de bien se dérouler. Maintenant, il est délicat de donner des directives car certaines femmes malades préfèrent ne rien dire, ne pas en parler à leurs proches car elles souhaitent tout assumer. D'autres réagissent différemment et partagent la souffrance et la douleur. Je n'ai pas de préférence. C'est la femme qui en décide. Cela doit partir d'elle et de son souhait profond, intime.

Alain Horchmann, professeur de qi gong

Pouvez-vous nous présenter le qi gong ?

Le qi gong est un ensemble de postures et de séquences, exécutées debout. Qi gong peut se traduire par « la maîtrise du souffle », ou encore « comment harmoniser son corps et son esprit afin de lui offrir le meilleur, et qu'il puisse à son tour laisser émaner ce bien-être à l'extérieur ». C'est la recherche d'une tension juste dans le corps qui va créer un élan pour le bon fonctionnement des organes.

La pratique du qi gong s'inscrit dans l'histoire de l'humanité. Au cours des siècles, les hommes ont cherché des exercices tant physiques que spirituels pour approfondir leur quête de bien-être. Peu à peu, la pratique consciente d'un bon placement du corps et de l'entretien d'une bonne clarté mentale est devenue une recherche prégnante, comme si le développement, l'adaptation et la survie avaient laissé place à une responsabilité face à la bénédiction d'être en bonne santé ; préserver et nourrir son corps et son esprit.

En Chine, une des formes de cette recherche a abouti à l'organisation d'une médecine comportant un pan entier fondé sur une prise en charge de l'individu par lui-même au travers de mouvements permettant de préciser le placement du corps dans l'espace et, de fait, la circulation de tous les flux et le meilleur ajustement des articulations, des tendons et des ligaments. Chaque mouvement est en rapport avec la bonne circulation d'un ou plusieurs organes.

Ce travail va se réaliser en adoptant des postures qui vont permettre de dénouer les tensions du corps. Tout déséquilibre (de naissance ou dû à notre parcours de vie) entraîne de notre part une attitude compensatoire, qui à son tour accentue le déséquilibre. Les exercices de tenue de posture donnent donc au corps de nouveaux points d'appui et stimulent la tonicité. On effectue également des enchaînements de mouvements, suite logique de ces tenues de posture, qui développent la psychomotricité. La pratique régulière du qi gong a une résonnance sur le corps dans la vie quotidienne, au-delà du temps des exercices. Le placement correct du corps se fera de façon de plus en plus spontanée, même dans les gestes de la vie de tous les jours. Le corps ne cherchera plus à compenser.

Quels sont les apports du qi gong par rapport au traitement des cancers ?

Peu à peu, la personne va se redresser, retrouver un confort respiratoire, une confiance et un certain plaisir dans son rapport à son corps. Des améliorations du transit, de la respiration et de la circulation du sang sont notables. L'état d'esprit est meilleur grâce au lien entre le corps et le mental qui prend une forme de coopération.

En effet, un rendez-vous quotidien avec soi par un retour à des sensations corporelles précises, à une amélioration de la stabilité du corps, sont des expériences qui vont amener la personne à se projeter au-delà de la maladie, dans une perspective d'avenir qui dépasse la rémission. Il s'agira d'une envie de dépassement de soi, de se sentir bien au quotidien, et ceci pendant et après le traitement. Les effets du qi gong vont donc aider la personne à « être » maintenant et après. Ce sont de véritables ponts vers l'avenir qui sont jetés : je découvre qu'il y a un après où je vais continuer à m'occuper de moi. Pendant et après le traitement, les effets sont précis : meilleure respiration, amélioration du transit intestinal, renforcement du système immunitaire, état d'esprit tourné vers la vie. Il y a des messages du corps vers le cerveau et du cerveau vers le corps, ce qui explique l'influence de ce travail sur le psychisme.

La quantification des améliorations tant physiques que psychiques est difficile à évaluer. Il y a une synergie, une mise en commun entre les traitements, la vie affective, la vie sociale, la pratique du qi gong et toute autre forme de recherche (analyse, ou bien d'autres pratiques) passant tant par le corps que la parole.

Il est cependant essentiel de préciser que si les gestes sont les mêmes pour tous, chaque personne vivra le qi gong différemment. À ce niveau, ce n'est pas une technique mais une véritable expérience.

Je peux témoigner de la joie et du bien-être qu'ont retrouvés les pratiquants de qi gong pendant et après leur maladie.

Frédérique Cervoni, naturopathe

Frédérique Cervoni est praticienne de santé naturopathe, certifiée Isupnat et Fenahaman, membre de l'OMNES[1]*, secrétaire générale adjointe de l'APHN (Association pour la promotion de l'hygiène vitale et de la naturopathie).*

« Se reconnecter avec sa nature profonde. »

Pouvez-vous nous présenter votre spécialité ?

Héritière de la tradition hippocratique (IVe siècle avant J.-C.), la naturopathie repose sur les lois de la nature que chaque individu s'efforcera d'appliquer au mieux afin de favoriser une santé parfaite et de réveiller ses capacités d'autoguérison.

Le rôle du naturopathe est d'enseigner ces lois à ses patients et de les guider dans leur mise en application, en s'appuyant

1. Organisation de la médecine naturelle et de l'éducation sanitaire, association professionnelle de naturopathes.

sur leurs points forts et en les aidant à renforcer leur force vitale, élément essentiel de l'amélioration de la santé.

L'écoute occupe une place importante dans une consultation de naturopathie, car la personne n'est pas considérée comme une somme de symptômes mais dans son ensemble. Cette vision holistique de la santé a pour conséquence que le naturopathe donne autant d'importance au mental ou au spirituel qu'au physique.

Les moyens naturels que nous mettons à la disposition de nos clients sont l'alimentation, la gestion du mental, l'exercice physique, la phyto- et l'aromathérapie (huiles essentielles), les massages, les enveloppements aux huiles essentielles, les élixirs floraux et l'hydrologie, entre autres.

Quels sont les apports de votre spécialité au traitement des cancers ?

En tant que naturopathe, nous n'intervenons pas sur le traitement du cancer, mais sur l'accompagnement de nos patients durant ce traitement, et sur l'amélioration et le renforcement du terrain dans un but autant curatif que préventif.

Il est primordial de modifier ses habitudes de vie à la fois pour que le traitement soit plus efficace mais aussi pour éviter une rechute en renforçant nos défenses anticancer, naturellement présentes dans notre organisme.

La première des mesures à prendre est d'arrêter de nourrir la cellule cancéreuse qui n'a pas le même fonctionnement que la cellule saine et qui est extrêmement friande de sucre : il faut donc supprimer tous les sucres industriels et raffinés et les céréales (qui sont aussi des sucres) et les remplacer par les sucres naturellement présents dans les fruits frais et bio. Le jeûne est également un moyen d'affamer la cellule cancéreuse : on peut soit pratiquer des courtes périodes d'une journée répétées fréquemment soit de plus longues périodes, toujours encadrées par un spécialiste.

Il faut aussi oxygéner le corps en faisant de l'exercice physique. Pas question de se mettre à courir le marathon, mais adapter l'exercice à son état de fatigue : marche à pied, natation, vélo... L'exercice régulier (vingt à trente minutes chaque jour) est essentiel dans le processus de soutien de l'organisme.

Il est indispensable de trouver une méthode pour lutter contre les émotions négatives : yoga, qi gong, méditation, sophrologie...

Il est également nécessaire d'arrêter de fumer, de limiter au maximum l'exposition aux polluants chimiques, présents dans les aliments, les cosmétiques, les produits ménagers...

Enfin, il s'agit de combler les carences consécutives à la maladie et à son traitement : vitamine D, antioxydants, acides gras essentiels (oméga-3)...

Quelle est la réalité du cancer
vue par votre spécialité aujourd'hui ?

De plus en plus de personnes touchées par le cancer se tournent vers la naturopathie, à la fois pendant le traitement, pour mieux en supporter les effets secondaires, mais également après leur guérison, pour mettre en œuvre les changements qui leur sont apparus comme essentiels au cours de leur maladie.

Nous les accompagnons donc à double titre, en tant que thérapeute et en tant qu'éducateur de santé.

Certaines personnes, enfin, ont simplement besoin de se réconcilier avec leur corps et se rendront chez un naturopathe pour se faire faire des massages.

Quelles recommandations pourriez-vous faire aux patients et à leur famille ?

Sortir du cancer demande un important travail sur soi et sur son environnement. Il est nécessaire à un moment donné de se poser la question de la maladie : que signifie ce cancer ? Quelles sont les circonstances qui m'ont amené là ?

Le cancer est une épreuve qui nous met face aux « erreurs de vie » qui ont mené à la maladie.

Cette épreuve peut donc être prise comme le signe qu'il faut changer : revoir son alimentation, prendre plus soin de soi, se remettre au sport, dormir davantage. En somme, se reconnecter avec notre nature profonde qui sait nous rappeler à l'ordre.

Dans cette optique, il est primordial que la famille soutienne les patients dans leurs nouveaux choix de vie, sans jugement et en les adoptant aussi, en prévention.

Jocelyne Rolland, kinésithérapeute et esthéticienne

Jocelyne Rolland a développé le concept de « rééducation à la beauté » ; elle est spécialiste de la kinésithérapie de l'après-cancer du sein.

Quels sont les apports de votre spécialité au traitement des cancers ?[1]

L'accompagnement kinésithérapique s'organise en plusieurs phases. Tout d'abord, le postopératoire immédiat initie ce long parcours. À l'hôpital, à domicile, puis en cabinet, avec une chirurgie conservatrice du sein (environ 70 % des cas) ou non conservatrice, une reconstruction immédiate (50 % des mastectomies sont reconstruites aussitôt) ou non, un curage axillaire ou un ganglion sentinelle, la femme opérée est une patiente potentielle dans presque tous les cas.

Juste après la chirurgie, la kinésithérapie est à visée articulaire, antalgique et tissulaire. La patiente doit commencer l'éventuelle radiothérapie avec une épaule souple, une cicatrice sans adhérence ni creux ni bourrelets graisseux, car les rayons risquent de fixer les défauts persistants.

Ensuite, vient le temps des traitements complémentaires avec chimiothérapie et radiothérapie, pendant lesquels le kinésithérapeute poursuit son action sur les cicatrices, les tissus et les articulations des régions concernées.

Une place est laissée aux actions « bien-être » importantes à cette phase, souvent éprouvante. Il n'est pas rare que des douleurs soient présentes ; les causes de ces douleurs sont nombreuses et bien souvent un diagnostic kiné différentiel doit être réalisé pour agir avec les techniques de massage et de kinésithérapie adéquates.

Éventuellement, quand la reconstruction n'a pas été initiale, une reconstruction secondaire du sein est propo-

1. Texte tiré d'une interview de Jocelyne Rolland dans *Kiné Point Presse*, juin 2012.

sée (mais 7 femmes sur 10 ne se font pas reconstruire) ; les techniques actuelles de pose d'implant, de lambeau du grand dorsal, de lipofilling[1] ou de DIEP[2] nécessitent une kinésithérapie adaptée et spécifique pour aboutir à un résultat optimal : l'appropriation du sein reconstruit, débarrassé de douleur, d'inconfort et de toutes sensations perturbantes de la qualité de vie.

Le rôle capital de la kinésithérapie ne serait pas totalement décrit ici si la reconstruction de la patiente au sens large n'était pas envisagée. Retrouver sa féminité (et sa sexualité), une silhouette sous contrôle malgré les traitements d'hormonothérapie qui placent la patiente en état de ménopause, et une posture élégante et tonique malgré l'intervention sur le thorax, le ventre ou le dos, sont aussi du ressort de la kinésithérapie et des techniques comme par exemple le Pilates ou l'endermologie !

Quelle est la réalité du cancer vue par votre spécialité aujourd'hui ?

La formation initiale des futurs kinésithérapeutes détaille très peu ce thème de la kinésithérapie autour du cancer du sein, souvent abordée exclusivement dans le cadre du traitement du lymphœdème ou « gros bras », heureusement de moins en moins fréquent grâce à la technique dite du ganglion sentinelle. Si l'étudiant n'a pas eu l'occasion de rencontrer des patientes opérées pendant les stages

1. Greffe de cellules graisseuses provenant du propre corps de la patiente [note de l'auteur].

2. De l'anglais *Deep Inferior Epigastric Perforator*. Technique microchirurgicale de reconstruction mammaire par greffe qui consiste à prélever un lambeau cutanéo-graisseux de l'abdomen [note de l'auteur].

hospitaliers ou en cabinet libéral, il ne connaîtra pas les gestes à appliquer dans ce contexte, une fois diplômé ; et pourtant ces patientes – 53 000 en 2012 – sont de plus en plus nombreuses à nécessiter l'action bénéfique du kinésithérapeute.

Des formations complémentaires existent déjà dans le cadre postuniversitaire pour former les professionnels à l'accompagnement des femmes dans leur reconstruction. Des formations complémentaires pour la mise en place de cours Pilates dédiés aux femmes opérées d'un sein comme je le fais dans mon cabinet sont aussi organisées.

Quelles recommandations pourriez-vous faire aux patientes et à leur famille ?

Il y a en France un besoin aigu de kinésithérapie pour les femmes opérées et une méconnaissance par les autorités de santé, les prescripteurs et les femmes elles-mêmes des possibilités offertes par la kinésithérapie. Sensibilisés à ce thème et mieux formés, les kinésithérapeutes peuvent prendre une plus grand place auprès des femmes.

Il est important que les femmes opérées pour un cancer du sein se renseignent sur les bienfaits de la kinésithérapie et en parlent avec leur médecin pour obtenir des prescriptions. Et une fois qu'elles en auront bénéficié, qu'elles puissent le relayer auprès de toutes les autres femmes et du corps médical !

V

Conseils d'amies

Conseils pratiques

Oui, nous avons osé écrire ce petit guide pratique du cancer. Il peut paraître blasphématoire d'accoler ces deux mots « guide pratique » et « cancer » : l'un parle de l'anodin, du quotidien, l'autre de vie et de mort, ou encore de tragédie personnelle.

Et pourtant, il y a des petits gestes qui peuvent éviter bien des problèmes, bien des angoisses, des actions qui aident à se réconcilier avec soi-même et à reconstruire l'estime de soi mise à mal par la maladie. Toutes les armes comptent dans ce combat.

Ce guide pratique est le fruit de nos expériences et de celles de quelques amies proches qui ont accepté de partager avec nous les enseignements qu'elles en ont tirés. Nous les en remercions chaleureusement. Il est aussi le fruit de nos échanges avec le corps médical et des praticiens de la médecine non conventionnelle. Toute expérience est particulière. **Ce guide n'est pas exhaustif, il pose des bases. Il ne remplace pas tout ce qu'un médecin ou un professionnel pourrait vous dire ou vous prescrire personnellement.**

Avant le traitement

Bien comprendre, bien s'entourer

Choisissez l'équipe médicale qui va vous accompagner :

- Renseignez-vous sur les hôpitaux et cliniques de votre région qui prennent en charge votre pathologie.
- Prenez deux ou trois rendez-vous avec des oncologues différents pour choisir celui qui vous correspond le mieux ou qui vous rassure le plus… Vous allez vous croiser pendant quelques mois !

Lors de l'annonce du protocole de traitement, prenez votre temps et osez questionner votre médecin et l'équipe médicale : interrogez-les sur l'ensemble des effets secondaires potentiels, même ceux qui ont peu de probabilité d'advenir.

- Notez bien également le protocole de soins : il sera utile à tous les praticiens qui vous aideront à diminuer les effets secondaires.
- Ayez toujours un petit carnet dans lequel vous noterez au fur et à mesure vos questions. Les interactions avec l'équipe médicale sont fréquentes mais denses. Certains malades peuvent se laisser impressionner par les médecins. Ce petit carnet vous aidera à poser rapidement toutes les questions qui vous tiennent à cœur.

Dès que le diagnostic est posé, évitez Internet : les informations que vous trouverez en ligne sont pour la plupart datées. Elles ne reposent donc pas sur les dernières statistiques et ne tiennent pas compte des dernières avancées de la médecine. Elles risquent d'être une source d'angoisse à un moment où vous avez besoin de patience et de garder courage.

Lisez quelques livres et consultez des sites internet dédiés à l'accompagnement des cancers (voir Bibliographie, p. 211) :

- qui portent une espérance, qui racontent que l'on peut vivre avec un cancer et qui donnent des armes pour lutter ;
- qui apportent des témoignages concrets – si vous avez le courage de les lire, car c'est parfois difficile.

Si vous le pouvez, avant le traitement, partez dans un endroit qui vous ressource et vous donne envie du vous battre, qui vous insuffle de la vie : une maison de famille où vous avez des souvenirs heureux, des paysages qui vous inspirent et vous apaisent, un week-end au bord de la mer ou chez des amis que vous voulez avoir à vos côtés dans cette bataille…

En l'annonçant aux personnes proches de vous, dites-leur simplement ce que vous attendez d'elles (garder vos enfants, vous inviter à dîner, vous accompagner pour choisir votre perruque, pour aller chez le coiffeur le jour J, être là lors des séances de chimio…). Cela les aidera… et cela vous soulagera pour un certain nombre de tâches !

Les soins de support

Dès l'annonce du diagnostic, identifier les thérapies classiques ou non conventionnelles que vous souhaitez expérimenter pour combattre la maladie, comme :

- L'hypnose clinique : elle permet de mieux accepter le diagnostic, de diminuer l'anxiété et d'être dans une disposition de synergie avec les soins. L'hypnose peut également diminuer certains effets secondaires durant le traitement (fatigue, nausées). Vous pouvez trouver des adresses de praticiens bien formés auprès de l'Association française pour l'étude de l'hypnose médicale (voir Adresses p. 213).
- La naturopathie et l'aromathérapie : elles permettent une approche globale des équilibres de l'organisme, en travaillant à la fois sur le régime alimentaire et l'hygiène de vie, à l'aide des plantes et des huiles essentielles.
- L'homéopathie, la phytothérapie : elles peuvent compléter de façon non agressive des traitements qui sont chargés en médicaments.
- Le yoga – notamment le pranayama : par des exercices de respiration et un travail des postures corporelles, il aide à évacuer les tensions, à retrouver une certaine sérénité, à rééquilibrer l'organisme, à mieux résister à la fatigue. Les techniques enseignées sont très simples et peuvent être pratiquées à tout moment pour se détendre.
- Dès l'annonce du protocole et des premières dates de traitement (opération ou chimiothérapie), prenez rendez-vous avec un acupuncteur pour établir le planning des séances : l'acupuncture est efficace dans la neutralisation de la plupart des effets secondaires des traitements à condition que la séance d'acupuncture puisse être pratiquée 48 h avant et tout de suite après la séance de chimiothérapie (voir aussi à « Pendant une radiothérapie » p. 197).

En parler au travail

Faut-il parler de son cancer dans l'environnement professionnel ? Nos choix en la matière ont été très différents. Chacun est seul face à cette maladie et tout choix est respectable, car c'est celui qui vous convient le mieux. Quelques points à avoir à l'esprit si vous ne souhaitez pas en parler :

- Gardez en tête que vous n'êtes pas obligé d'expliquer au travail ce qui vous arrive. Cependant, il est important d'avoir quelques collègues proches de vous à qui vous pouvez vous confier et sur qui vous pouvez vous appuyer. L'isolement n'est pas bon dans l'absolu.
- Si vous continuez à travailler, pensez à trouver des noms de code pour inscrire dans votre agenda partagé l'opération (« intervention »), les séances de chimio (« réunion CT »), les bouffées de chaleur (« un peu de fièvre »)...
- Limitez les déplacements professionnels pendant la chimiothérapie. En effet, au fil des séances, le souffle devient de plus en plus court et il est difficile de marcher longtemps (aéroports, gares, transports en commun).
- Changez votre « référentiel » (vos critères) de performance (cf. p. 42). Vos points de repère changent, votre cerveau est plus fatigué et vous n'avez plus la même énergie. Développez un autre rapport au travail et au management des équipes :
  - déléguer davantage influe sur l'épanouissement des équipes ;
  - faire confiance leur permet aussi d'aller plus loin, tout en gardant des points d'échange régulier ;

– mettre en place un mode partiel de travail à distance permet de vous préserver.

- Si vous voyagez, achetez en pharmacie un bracelet anti-nausée pour éviter le mal des transports. Se basant sur la technique de l'acupressing (dérivé de l'acupuncture), ce bracelet appuie sur le point P6 (nei-khuan ou « porte de l'intérieur »). Du gingembre frais, coupé en dés et infusé dans un verre d'eau chaude, aide aussi à combattre les nausées.

En parler aux enfants

Même petits, les enfants sentent, savent qu'il se passe quelque chose d'inhabituel.

- Il est important de leur parler de la maladie.
- Pour les tout petits enfants, le dessin est un formidable moyen de communication. Vous pouvez leur demander de dessiner maman (ou papa), cela peut être un bon début de dialogue. Pensez que les enfants n'ont pas le même référentiel que les adultes. Un crâne nu n'est pas synonyme de maladie grave pour eux. Ne soyez pas horrifié s'ils vous voient sans cheveux.
- Vous pouvez aussi prendre des photos de votre chambre d'hôpital, de l'équipe soignante qui vous accompagne, pour démystifier l'hôpital.
- Si le dialogue est difficile, vous avez tout intérêt à les impliquer (dans le choix de la perruque, par exemple).
- Au besoin, emmenez-les voir un pédopsychiatre, qui les aidera à s'exprimer.
- Lire un livre (ou le lui donner à lire) en rapport avec la maladie peut également aider à instaurer le dialogue avec son enfant quand on ne trouve pas

les mots pour parler de son cancer. Certains hôpitaux disposent d'une bibliothèque dans laquelle vous pourrez trouver ces ouvrages pour enfants (voir aussi p. 212).

Accompagner l'opération

Comme nous l'avons dit plus haut, ces conseils sont tirés de notre expérience propre (notamment pour le cancer du sein). Il y aurait sûrement des conseils spécifiques à donner pour d'autres types de cancers et d'opérations.

Se préparer à l'opération

- Prenez un ou deux jours de congé avant l'opération pour décompresser.
- Ne consommez pas de protéines animales lors des trois repas précédant l'opération afin de favoriser le bon fonctionnement de l'appareil digestif après l'opération.
- Planifiez 2 à 3 semaines d'arrêt au minimum pour vous laisser le temps de récupérer (les médecins sont parfois flous, mieux vaut donc anticiper et s'organiser).
- Prévoyez des vêtements de nuit amples, faciles à enlever et à remettre. Après une opération, la mobilité est parfois réduite : c'est le cas de l'épaule dans le cancer du sein.
- Envisagez avec votre médecin de faire appel à un infirmier à domicile (pris en charge par la Sécurité sociale) pour faciliter et accompagner votre retour à la maison.

Récupérer après l'opération

- Buvez 1,5 à 2 litres d'eau par jour pour faciliter l'élimination des produits de l'anesthésie. Des prescriptions homéopathiques peuvent également en favoriser le drainage. Consultez un médecin homéopathe.
- Faites ou faites-vous faire des massages de réflexologie plantaire pour vous réconforter et stimuler la circulation du sang.
- Acceptez toutes les aides qui sont proposées, même si vous pensez a priori ne pas en avoir besoin.
- Mangez bien (en quantité et en qualité) à chaque repas pour faciliter la récupération de votre organisme.
- Prenez de la gelée royale 1 ou 2 semaines après l'opération comme fortifiant.
- La cicatrisation des tissus et des articulations peut être facilitée par une kinésithérapie adaptée (voir Jocelyne Rolland p. 177).

Pendant une chimiothérapie

Accompagnement global de la chimio

- Écoutez les oncologues, qui prescrivent des médicaments utiles à la gestion des effets secondaires.
- Si vous avez des enfants et que vous êtes seul, réfléchissez assez vite à une solution de garde.
- Écoutez-vous et prenez soin de vous. Si vous êtes fatigué, dormir est une solution qui reste efficace et simple.

- Avant et après chaque chimio, voyez un acupuncteur pour préparer le corps et neutraliser la plupart des effets secondaires. Ainsi, peu de personnes savent que les séances d'acupuncture permettent de « sauver » de 50 à 80 % des cils et des sourcils (même si aucune solution n'existe aujourd'hui pour les cheveux). L'acupuncture aide aussi à booster l'énergie et les défenses immunitaires, à protéger les ongles (voir p. 195).
- Pour prévenir la chute des cils et sourcils, appliquez tous les jours de l'huile de ricin. Pour les cils, utilisez un coton-tige pour éviter de toucher les yeux et les paupières.
- Se faire masser régulièrement (de préférence par un kiné, un masseur chinois ou ayurvédique...) permet de garder le lien avec son corps, d'hydrater et d'assouplir la peau asséchée par les traitements, et tout simplement de se détendre. Attention : les massages ne sont pas conseillés pour certains types de cancers. Renseignez-vous au préalable.
- Voyez un homéopathe, qui peut vous prescrire des préparations pour adoucir les effets négatifs des traitements. Ainsi, une pharmacie d'Orléans s'est spécialisée dans les cancers et propose des préparations spécifiques pour chaque type de produits de chimiothérapie (et il y en a plus d'une centaine).
- Avec l'aide d'un nutritionniste ou d'un naturopathe, ajustez votre régime alimentaire pour préparer votre organisme à la chimiothérapie : constipation (pruneaux tous les matins), flore intestinale, défenses immunitaires... Adoptez l'alimentation la plus revitalisante possible pour contrebalancer les effets de la

chimio. Les aliments sont le carburant de l'organisme, certains d'entre eux (alcool, café, sodas, aliments industriels...) « pompent » notre vitalité. Pour renouveler nos cellules, le corps a besoin d'un carburant de bonne qualité et vivant. C'est pourquoi il est conseillé de commencer ses repas par des crudités (sous formes classiques ou bien en jus de légumes), de privilégier les cuissons douces (à la vapeur, *al dente*, au wok) qui ne détruisent pas les précieux minéraux, enzymes et vitamines dont l'organisme a un besoin accru en cette période. Pour se recharger, rien de tel que des fruits et légumes frais, de qualité biologique (donc exempts de produits chimiques) et les tonifiants tels que l'ail, l'oignon, les crucifères (chou, brocoli), les herbes aromatiques et les graines germées. Les produits de la ruche (miel, propolis, pollen, gelée royale) ainsi que les « super-aliments » (maca, acérola, spiruline) sont également de très bonnes sources de vitalité.

- L'aromathérapie est également un bon soutien. En effet, les huiles essentielles peuvent être utilisées, toujours sur le conseil d'un thérapeute :
  - en cas de chimiothérapie, le thym à thujanol (*Thymus vulgaris thujanoliferum*) protège le foie, stimule l'immunité et soutient le moral ;
  - pour une radiothérapie, on utilisera le niaouli (*Melaleuca quinquenervia*) pour protéger la zone traitée ;
  - le citron (*Citrus limonum*), le ravintsara (*Cinnamomum camphora*), le laurier noble (*Laurus nobilis*) permettent de remonter l'immunité ;
  - enfin les huiles essentielles d'agrumes – orange douce (*Citrus sinensis*), petit grain bigarade (*Citrus aurantium*) ou mandarine (*Citrus reticulata*) – ainsi

que de lavande (*Lavanda angustifolia*) en diffusion ont un impact très positif contre le stress.

- L'accompagnement par un psychologue peut être une source de réconfort puisque cela permet d'exprimer les angoisses que l'on n'ose pas toujours confier à ses proches. C'est également un moyen de réfléchir à la signification de la maladie dans sa vie. La plupart des hôpitaux disposent d'onco-psychologues. Si vous préférez avoir recours à un psychologue de ville, vous pouvez demander à votre médecin généraliste, qui pourra vous conseiller les meilleurs praticiens près de chez vous. Si vous êtes croyant, vous pouvez aussi en parler à un conseiller spirituel.

Le syndrome des pieds brûlants

Appelée aussi le syndrome mains-pieds, cette sensation de feu dans les pieds et dans les mains est un redoutable effet secondaire.

- Parlez-en à votre oncologue, qui pourra vous prescrire des séances régulières chez un pédicure-podologue, surtout si vos pieds desquament. Ces séances sont remboursées par la Sécurité sociale.
- Ayez recours à l'acupuncture qui seule arrive véritablement à neutraliser, voire à éviter, ce syndrome. Aucune molécule chimique n'y parvient.
- N'hésitez pas à acheter une paire de chaussures un peu trop grandes pour limiter les frottements.
- Appliquez de la Biafine en couches épaisses et attendez que cela passe !

Et si vous avez du mal à marcher pendant la journée et que vous ne souhaitez pas expliquer pourquoi, dites que vous avez marché sur les Lego de votre fils ou que vous avez fait tomber un objet sur votre pied… Vous en rirez vous-même et cela pourra faire rire les autres.

Les mucites

Dans 90 % des cas, l'acupuncture permet de les éviter, cependant :

- Brossez-vous les dents après chaque repas à titre préventif.
- Sachez les détecter, car les formes sont variées : cela va d'une langue qui devient noire ou marron foncé à la présence de nombreux aphtes dans la bouche. Vous ne sentez plus le goût des aliments, vos papilles sont insensibles.
- Faites des bains de bouche à chaque brossage. Ils pourront vous être prescrits par l'oncologue. Attention, certaines pharmacies peuvent demander quelques jours pour leur préparation.
- Dès les premiers signes d'une mucite (dessèchement et picotements du palais et de la gorge), demandez une prescription d'antalgiques et de crème buccale anesthésiante. Ne prenez aucun aliment solide (fromage, pain, céréale…) ou irritant (tomate, fruits et légumes crus…), privilégiez les purées, les soupes, les compotes.
- Buvez une eau gazeuse riche en bicarbonate, qui réduit l'acidité (type Saint-Yorre).
- Consultez un aromathérapeute, qui pourra vous prescrire des huiles essentielles spécifiques afin de vous aider à récupérer une bouche en état de fonctionnement.

Les ongles

Certains produits de chimiothérapie rendent les ongles photosensibles : ils changent de couleur, et peuvent même tomber complètement. Pour les protéger :

- Appliquez régulièrement, au moins une fois par semaine, une pommade à la vitamine A (en pharmacie) en prenant le temps de bien masser les ongles.
- Posez du vernis sur les ongles des mains et des pieds : une base incolore au silicium (demandez conseil à votre médecin), puis deux couches de vernis opaque foncé ou anti-UV, et enfin une nouvelle couche de la base incolore. Vos ongles ne doivent pas rester une seule minute exposés au soleil pendant le traitement (et jusqu'à six mois après). Ces conseils s'adressent aussi bien aux femmes qu'aux hommes (qui peuvent mettre des vernis incolores).
- Mettez des poches glacées sur vos ongles pendant les séances de chimiothérapie. Si les gants glacés ne vous sont pas fournis par votre établissement de soin, achetez avant la séance deux sacs (par membre) de petits pois surgelés et entourez-en vos pieds et vos mains : le froid va freiner l'arrivée du produit dans les ongles.

La perte des cheveux

Choix de la perruque :

- Allez acheter votre perruque assez tôt, au début du traitement, pour prendre le temps de la choisir. Cette perruque vous accompagnera de longs mois, c'est un élément essentiel de bien-être. Même si c'est un moment difficile, le choix d'une perruque qui vous plaît vous aidera à mieux vous accepter durant cette période. Accordez-lui l'importance qu'elle mérite. Vous trouverez dans tous les hôpitaux des adresses pour les perruques. N'hésitez pas à visiter plusieurs boutiques afin de trouver celle qui vous convient le mieux. La Sécurité sociale prend partiellement cette dépense en charge.

Perte des cheveux :

- Dès que vous aurez choisi votre perruque, allez chez votre coiffeur, exposez-lui la situation et demandez-lui de vous faire une coupe similaire à celle de votre perruque. Le passage à la perruque en sera facilité d'autant.
- Choisissez un coiffeur avec qui vous vous sentez en confiance. Certains coiffeurs ne supportent pas de coiffer une tête dont les cheveux tombent. Au besoin, renseignez-vous auprès d'autres personnes qui ont eu une chimio.
- Dès que les cheveux commencent à tomber, foncez chez le coiffeur. Il est plus pénible de voir ses cheveux partir par touffes que de porter une perruque.

Repousse des cheveux :

- Si vous en avez le courage, n'hésitez pas à les raser une première fois, car ils ne repoussent pas tous à la même vitesse et au même moment, et cela peut aider à les renforcer. On dit souvent que la chimiothérapie est un superbe traitement capillaire, donc profitez-en !

Le teint

Vous pouvez aller aux cours de maquillage organisés dans les hôpitaux par les associations comme Cosmetic Execution Women, La Vie de plus belle, ou encore Belle et bien (chaque hôpital a son réseau d'associations). Lors de ces cours, des esthéticiennes vous réapprendront à adapter votre maquillage à une peau sensible et fragilisée, à cacher la fatigue ou des sourcils absents. Vous repartirez avec une trousse de maquillage pleine de produits offerts par des marques de l'industrie cosmétique. Le site internet Oncovia (voir p. 214) vous propose également toute une gamme de produits de maquillage et de soins adaptés.

Pendant une radiothérapie

Le mental

- Adoptez l'état d'esprit d'un marathonien : les séances de radiothérapie sont très courtes mais quotidiennes et peuvent s'échelonner sur une période de 5 à 7 semaines !
- En fonction de votre emploi du temps quotidien, fixez les horaires des séances de radiothérapie au moment qui vous convient le mieux : tôt le matin (si vous travaillez et souhaitez maîtriser un peu les horaires), dans la journée (si vous avez du temps, plus reposant), ou tard le soir (si vous souhaitez croiser le moins de gens possible).
- Dès que la fatigue se fait sentir, reposez-vous.

Les brûlures

Cet effet secondaire apparaît dans 95 % des cas. S'il se produit, les séances quotidiennes de radiothérapie peuvent être suspendues et l'échéance du traitement reportée. On a donc tout intérêt à prévenir et travailler ce point. C'est aussi le bout du tunnel, et le présage que la fin du traitement est proche.

- L'acupuncture permet d'éviter les fortes brûlures, avec ou sans cloques, et une intense fatigue, à raison d'une séance par semaine, pendant toute la durée de la radiothérapie.
- L'aromathérapie, et notamment l'huile essentielle de niaouli (*Melaleuca quinquenervia*), permet d'apaiser la peau (à appliquer sur la peau après chaque séance : immédiatement après, puis à renouveler quelques heures plus tard).

La peau

La peau est très sensible pendant cette période et dans les six mois qui suivent le traitement. Il convient donc de la protéger.

- Pour les femmes, privilégiez les soutiens-gorge sans armature.
- N'exposez pas votre peau au soleil pendant l'année qui suit le traitement. Protection solaire maximale et tee-shirts couvrants sont de rigueur.

Après une chimio ou une radiothérapie

Le sentiment de solitude

La fin du traitement est une nouvelle épreuve morale. Vous étiez suivi toutes les semaines, une nuée de blouses blanches et bleues s'occupait de vous. Le jour de la fin du traitement, vous vous retrouvez seul. Souvent avec l'angoisse de la rechute.

- Les acupuncteurs considèrent que ce phénomène est très fréquent. L'acupuncture neutralise en trois ou quatre séances ce qu'ils appellent le *chimiotherapy blues*.
- Si vous ne l'avez pas fait avant, c'est un bon moment pour aller rencontrer un psychologue ou un psychiatre avec qui vous pourrez partager vos angoisses.
- Osez exprimer votre angoisse auprès de vos proches ; ils sont heureux de tourner la page du traitement avec vous et ne se rendent pas toujours compte que ce moment est aussi une réelle souffrance.

Réconcilier l'âme et le corps

C'est également un bon moment pour vous initier à des pratiques qui vous permettront de vivre pleinement votre nouvelle vie, de renouer avec votre esprit et votre corps.

- Pendant six mois après le traitement, pour apporter du réconfort à votre corps, faites-vous faire des massages, de préférence par un kinésithérapeute (plutôt qu'en instituts, moins habitués à accompagner ce type de maladie).

- Certains kinésithérapeutes se sont spécialisés dans l'accompagnement du processus de cicatrisation et l'assouplissement des cicatrices par les massages et les huiles essentielles. Cela peut vous aider si vous ne vous sentez pas à l'aise avec ces marques (voir p. 177).
- C'est également le moment de vous remettre au sport, lentement mais sûrement, pour sentir votre corps revivre pleinement. La natation et la marche sont souvent conseillées pour recréer le lien avec ce corps qui a un peu changé pendant les traitements.
- La pratique du Pilates permet de remuscler en profondeur et en douceur le corps affaibli après des mois de traitement. Étirements, assouplissement, gainage et renforcement musculaire aident progressivement à renouer avec son corps et l'estime de soi.
- Le qi gong est une approche corps-esprit fondée sur les principes de la médecine traditionnelle chinoise. Le *qi* désigne le flux énergétique, l'énergie vitale, qui anime tout être ; le *gong* désigne l'entraînement. Le qi gong est une gymnastique qui vise à renforcer le flux énergétique et à le faire circuler dans le corps en associant des mouvements lents, des exercices de respiration et de concentration (voir pp. 133, 171 et Adresses p. 213).
- La méditation est une pratique de développement personnel dont l'effet sur la réduction du stress et de la dépression est prouvé. Pour vous introduire à la méditation, le livre de Jeanne Siaud-Facchin, *Comment la méditation a changé ma vie… et pourrait bien changer la vôtre !*, vous emmène dans une histoire stimulante et regorge d'adresses (voir p. 211).

Pendant l'hormonothérapie

Encore une fois, ces conseils sont tirés de notre expérience propre (notamment pour le cancer du sein). Il existe des hormonothérapies spécifiques pour le cancer de la prostate, par exemple.

Accompagnez l'hormonothérapie : c'est sans doute la phase du traitement dont on parle le moins. Elle ne concerne pas tous les cas de cancer du sein, mais ceux qui sont hormonosensibles. Elle vise à bloquer les hormones femelles – par exemple, dans le cas d'un cancer du sein pour une femme – et à limiter les risques de récidive (ces risques sont divisés par deux dans le cas d'un cancer du sein hormonosensible à 100 %). Cette phase est certainement moins douloureuse au quotidien mais c'est un autre marathon à tenir pendant cinq à dix ans. Cela implique de revisiter son mode de vie :

- Demandez à votre oncologue une description des effets indésirables pour vous y préparer. Ils incluent l'absence ou la raréfaction des cycles menstruels, la prise de poids, notamment au niveau du ventre, la sécheresse des muqueuses et du vagin, les bouffées de chaleur et sueurs nocturnes. Même si ce n'est pas médicalement exact, il peut être utile de comprendre que ces symptômes s'apparentent à ceux de la ménopause. Or peu de choses aujourd'hui existent médicalement pour restreindre ces effets. L'acupuncture peut là encore jouer un rôle appréciable : à raison d'une séance par mois, elle minimise les bouffées de chaleur, la prise de poids, les troubles du sommeil ou de l'humeur (excitation ou dépression).

- Revenez progressivement au sport, mais de manière plus intense qu'avant la maladie, car les capitons ont plus de mal à partir. Privilégiez les sports doux pour démarrer, avec piscine, marche ou encore vélo d'appartement ou en salle. L'idéal est de faire cinq à six heures de sport par semaine.
- Adaptez votre alimentation à une vie sous ménopause artificielle : ce point est à travailler avec un nutritionniste ou un naturopathe.

L'alimentation

D'une manière générale, faites de l'alimentation un allié de tous les jours pour prévenir les rechutes. Les pesticides, le sucre, les acides gras insaturés, les oméga-6 contribuent à nourrir le développement de certains cancers. Revisitez votre mode d'alimentation pour en bannir tous les éléments les plus cancérigènes. C'est en outre l'occasion de découvrir le plaisir de nouvelles saveurs.

- Pour éviter les pesticides et les agents chimiques, privilégiez les produits bio (a minima pour les produits de base – lait, œufs, farine – et les fruits et légumes).
- Prenez l'habitude de lire les étiquettes des produits que vous consommez régulièrement pour éviter les additifs, colorants et autres agents chimiques.

Intégrez les aliments naturellement anticancer dans votre alimentation. Le Dr Richard Béliveau, oncologue, a produit de multiples articles scientifiques sur ce sujet dont il a fait une synthèse avec Denis Gingras dans *Les Aliments contre le cancer* (voir p. 211). Voici quelques-unes de leurs recommandations : la famille des crucifères (le chou, le chou-fleur, le cresson...), l'ail, l'échalote et l'oignon, les fruits rouges, les agrumes et le raisin, le curcuma, le vin rouge et le thé vert.

Remerciements

À travers ce livre, nous avons voulu témoigner de l'importance des autres pour traverser l'épreuve d'un cancer. La liste des remerciements est donc longue. Elle aurait pu l'être encore davantage.

Merci tout d'abord à Julia Dion-Grange pour son aide précieuse dans l'interview des experts et pour ses conseils.

Remerciements de Reine

À toi, Madeleine, pour cette belle aventure humaine partagée.

À vous, Pierre et Marie, dont je suis un peu devenue la maman pendant quelques années avec les qualités et les défauts de la trentaine, et Emma, ma grande chérie dont je suis si fière. Que l'avenir m'accorde le plus de temps possible pour t'accompagner, t'aimer et juste être présente pour toi et tes enfants.

À mes chers frère et sœurs, Mumu, Laure, Claire, Estelle, Marie et Pierre, mes doux remparts face à l'adversité, pour ce voyage vers l'inconnu, pour nos rires et nos larmes qui ont ponctué cette année folle.

À toutes les femmes de notre famille, mes cousines et mes tantes. Nous nous sommes dit lors de ce dîner magnifique après la deuxième chimio avec Estelle, Anne et Brigitte « *Girl Power* ! Non, cancer, tu ne nous auras pas. » Eh bien, gardons le cap et n'ayons pas peur !

À Agathe, Claude, Gaëlle, Muriel, mes amies et complices, celles avec qui l'on peut non seulement fêter les beaux moments de la vie mais qui demeurent présentes lorsque le tableau de bord s'enflamme et que l'on perd tout contrôle.

À Alain, François, Guillaume, Nadia, Robert, pour votre présence et votre amitié si précieuses, qui fait fi des années et des difficultés.

À Anne-Fleur, pour ton amitié, malgré les treize ans qui nous séparent, pour ces moments où nous refaisions le monde au détour d'une soirée.

Au corps médical qui m'a accompagnée et que je ne saurai jamais assez remercier pour son humanité et la richesse de la relation que nous avons entretenue pendant et après le traitement.

À Karine, notre coiffeuse, pour sa sensibilité et son empathie, tout en délicatesse et en discrétion, qui a su donner de l'élégance et de la douceur à l'un des pires moments de mon existence.

À mes quelques collègues qui m'ont aidée avec subtilité et patience à faire sortir cette maladie de l'anonymat dans lequel je l'avais volontairement plongée, à défaut de ne pouvoir faire mieux. À vous tous R., R., J., J., M., D., E., H., P., et L.

À Danièle, Marie-Liesse, Muriel, Sandy, pour l'exercice délicat de la relecture et du feedback.

À Matthieu, qui a osé me recruter malgré ce passif plutôt lourd, sans commentaires, dans une philosophie où les faits parlent mieux que toute belle intention.

À toi enfin et surtout mon cher Olivier, mon roc, mon mari, mon ami, mon amant, le père de mes enfants et le beau-frère de la famille. Tu as réussi à tenir le rôle de mari « logistique » pendant un an, rôle que tu n'avais pas vraiment demandé et auquel tu ne t'étais volontairement pas destiné... tu m'as vue au plus bas de ma forme, de mon physique et de mon mental. Tu as tenu le choc, tu as su répondre aux questions des enfants, tu as su attendre patiemment que je redevienne moi... Certes, tu m'as aimée brune aux cheveux longs et raides, ils sont aujourd'hui courts et bouclés, mais ce n'est pas si mal.

Enfin, cet ouvrage est dédié aux femmes qui, comme moi, passeront par les affres de cette maladie insidieuse, *Girl Power* !

Remerciements de Madeleine

À Romain, pour avoir traversé cette tempête avec moi, en restant toujours aussi confiant et serein, pour son indéfectible amour, pour avoir permis à nos filles de vivre cette épreuve dans une maison toujours aussi joyeuse.

À ma mère, pour avoir toujours été là quand j'avais besoin d'elle, pour avoir su montrer de la force et de la joie, malgré ses inquiétudes.

À mes frères et sœurs. À Antoine, pour m'avoir fait regarder vers l'avenir quand j'étais dans le noir, pour avoir traversé l'Atlantique pour être là lors du premier bilan, pour avoir réconforté Maman, même tard dans la nuit ; à Jonathan, qui était aux côtés d'Antoine ; à Claire, pour la force de sa prière et sa tendresse ; à François et Charlotte, pour avoir été aussi présents.

À Héloïse, pour ses mille attentions, sa présence continue lors des chimio, son indéfectible amitié de vingt ans. À Vincent, qui est derrière tout cela !

À mes amis, mes cousines, à ma belle-famille : Armelle, Guillemette, Charlotte, Anne et Clément, Émilie et Boris, Florence, les deux Anne-Laure, Nathalie, Valérie, Jacques, Antoine et Laure, Isabelle et Jean-Louis, Amélie et Cyril. À Jean-François.

À Nicole, pour avoir toujours si bien su jouer son rôle de marraine ; à Philippe V., pour sa générosité et sa grandeur d'âme, qui sont encore si présentes. À Philippe Q., mon parrain, pour avoir trouvé la force de me réconforter malgré sa maladie.

À Keith et Franca, pour leur soutien, malgré leur épreuve personnelle, et pour leurs mille attentions.

Au corps médical, pour son excellence : au Dr R., qui a su si bien m'orienter, à toute l'équipe de l'hôpital Saint-Louis, le Pr T., les Dr B. et F., les infirmières. Au Dr J., pour ses petites aiguilles salvatrices. À Delphine, dont les massages m'auront fait tant de bien.

À Karine, pour ses doigts de fée et sa générosité qui ont su transformer les moments les plus pénibles de cette histoire en de doux instants.

Aux collaborateurs qui m'ont soutenue dans cette épreuve : à P., pour m'avoir si chaleureusement entourée quand j'ai annoncé mon lymphome ; à E., pour m'avoir épaulée depuis le début et pour continuer à doser savamment une attention toute particulière avec la confiance et l'exigence requises dans le milieu professionnel ; à P., un des seuls jeunes collaborateurs à qui j'ai confié ma maladie dès le début et qui a su trouver les mots justes pour m'encourager malgré son jeune âge ; à D., pour sa relecture attentive.

À Reine, enfin, pour ses mille conseils et pour ce long dialogue qui se poursuit en livre !

Bibliographie

Ces sources nous ont été utiles. Elles ne sont pas exhaustives. D'autres pourront vous être conseillées par des professionnels ou des amis.

Livres de référence

Dr Peter J. D'Adamo, Catherine Whitney (trad. Anne Lavédrine), *4 groupes sanguins, 4 régimes*, J'ai lu, 2010.

Dr Richard Béliveau, Dr Denis Gingras, *Les Aliments contre le cancer*, Le Livre de Poche, 2009.

Marie-France Delaigue-Cosset, Nicole Landry-Dattée, *Ces enfants qui vivent le cancer d'un parent*, Éditions Vuibert, 2005.

Sophie Lacoste, *Les aliments qui guérissent*, Mosaïque-Santé, 2010.

David Servan-Schreiber, *Anticancer*, Pocket, 2011.

David Servan-Schreiber, *On peut se dire au revoir plusieurs fois*, Pocket, 2012.

Thierry Souccar, *Lait, mensonges et propagande*, Thierry Souccar Éditions, 2008.

Dr Nathalie Szapiro-Manoukian, *Guérir du cancer, ça n'arrive pas qu'aux autres*, Albin Michel, 1997.

Lectures de chevet, témoignages

Abiker David, *Le Mur des lamentations*, J'ai lu, 2010.

Jon Kabat-Zinn, Bernard Giraudeau (trad. Olivier Colette), *Méditer : 108 leçons de pleine conscience*, Les Arènes, 2010.

Céline Lis, *L'Impatiente*, Jean-Claude Lattès, 2009.

Jeanne Siaud-Facchin, *Comment la méditation a changé ma vie… et pourrait bien changer la vôtre !*, Odile Jacob, 2012.

Maryse Vaillant, *Une année singulière, avec mon cancer du sein*, Albin Michel, 2008.

Livres pour enfants

Olga Dupré et Denis Walravens, *La maman de Léon est malade*, Lulu.com, 2013.

Katrine Leverve, *Anatole l'a dit !*, K'Noë, 2005.

Liste de livres pour les enfants à consulter sur : www.cancer.be/cancer-comment-en-parler-aux-enfants

Adresses

Ces sources nous ont été utiles. Elles ne sont pas exhaustives. D'autres pourront vous être conseillées par des professionnels ou des amis.

Soins de support

AFEHM, Association française pour l'étude de l'hypnose médicale : 19 avenue Franklin-D.-Roosevelt, 75008 Paris, tél. 01 42 56 65 65.

ASMAF-EFA, Association scientifique des médecins acupuncteurs de France et École française d'acupuncture : www.meridiens.org

AFA, Association française d'acupuncture : www.acupuncture-france.com

Fédération des enseignants de qi gong art énergétique : www.federationqigong.com

Voir sur Internet, par le biais d'un moteur de recherche, les nombreux articles publiés sur les thèmes suivants :

– acupuncture et cancer : par le Dr Philippe Jeannin ;

– aliments contre le cancer : articles scientifiques du Dr Richard Béliveau.

Accompagnement

Étincelle – Rester femme avec un cancer : www.etincelle.asso.fr

La maison du cancer – S'informer, s'entraider, témoigner : www.la-maison-du-cancer.com

et en particulier les pages suivantes :

– http://www.la-maison-du-cancer.com/magazine/la-salle-d-infos/a-la-une/cancer-l-au-revoir-de-david-servan-schreiber

– http://www.la-maison-du-cancer.com/magazine/le-jardin/outdoor/le-on-de-m-ditation-par-matthieu-ricard

Rose magazine – Le cancer au féminin, remarquable lieu d'échanges d'informations : www.rosemagazine.fr

Beauté, esthétique, forme

Jocelyne Rolland, esthéticienne et kinésithérapeute – La rééducation de la beauté : www.reeducation-beaute.com

Oncovia – Mieux vivre son cancer (maquillage, foulard, lingerie, etc.) : www.oncovia.com

Table des matières

Ouvrage publié sous la direction de Laure Paoli

Réalisation éditoriale : Véronique Galland
Relectures et corrections : Antoine de Quelen,
Cécile Chavent, Alice Breuil

Composition Nord Compo
Impression CPI Bussière en mars 2014
à Saint-Amand-Montrond (Cher)

Éditions Albin Michel
22, rue Huyghens, 75014 Paris
www.albin-michel.fr

ISBN : 978-2-226-25486-3
N° d'édition : 21153/01. – N° d'impression : 2008290.
Dépôt légal : avril 2014.
Imprimé en France.